会計・経営分析入門テキスト

山本　卓 [編著]

創 成 社

はじめに

　現代のビジネスプロフェッショナルにとって，企業が開示する会計情報をキャッチし，それに基づき企業の課題を的確に分析する能力が必須になっています。筆者らが関係する明海大学不動産学部は，不動産学領域に特化した教育と研究を行っている日本唯一の存在です。将来，有能な不動産プロフェッショナルとして活躍するためにも，このようなファイナンシャルリテラシーを学部学生時代に身に着けることが極めて重要になります。

　不動産プロフェッショナルに求められる素養は，法学，経済・経営学，工学等の多岐にわたり，それぞれが高度なものです。本書は，経営学領域の学修に結び付けるための，いわば「道しるべ」であり，会計情報をいかに利用するのかを示す入門テキストとしての役割を担っています。

　本書の特徴点をいくつか示せば以下のとおりです。

- ・会計情報の利用者が最低限，身に着けるべき内容に絞り込んでいること
- ・非商学部・経営学部の学生は，簿記に対して抵抗感があるため，本書ではいわゆる簿記的な表現を排していること
- ・入門テキストとしての性格から，厳密な正確さを追求せず，簡潔なわかりやすさを優先していること
- ・「関連トピック」というコラムを適宜配して，本文の補足や，応用的テーマへの橋渡しを行っていること

　本書の前半部分である第1章から第5章までは，会計の基本ルールを学び，会計の目的，役割，機能を理解します。そして後半部分である第6章から第13章までは，企業が開示する会計情報をいかに活用すべきかを考え，企業の経営的課題を明らかにするための初歩的な技法を学びます。

本書は，明海大学不動産学部1，2年次生向けの導入教育における活用を想定していますが，広く非商学部・経営学部の学生向けの教育にも利用できると考えられます。さらには，大学において経営学を学ばなかったビジネスパーソンにとっても，手軽な入門書としての役割を果たしてくれると思います。

　本書の本文部分は，福島隆　明星大学経営学部教授が明海大学不動産学部在職中に作成された講義レジュメを，同教授のご許可を得て山本卓が一部修正したものとなっております。出版のご許可を頂きました福島隆先生には心より感謝申し上げます。関連トピック部分は，山本卓と古川傑が執筆しました。最後に，本書の出版に際して，(株) 創成社出版部の西田徹氏にご尽力を頂いたことに，記して感謝申し上げます。

　　2018年9月

　　　　　　　　　　　　　　　　　　　　　　　　　　山本　卓

目　次

はじめに

第1章　財務諸表総論 ——————————— 1

1　株式会社の特徴 ……………………………… 1

2　会計と財務諸表 ……………………………… 3

3　財務諸表の特徴 ……………………………… 4

4　財務諸表の種類 ……………………………… 5

関連トピック①　グループ経営　6

5　貸借対照表と損益計算書 …………………… 8

6　会計を取り巻く法律・規則（企業会計制度）…… 13

関連トピック②　株式会社を取り巻く関係者　16

第2章　貸借対照表（1）資　産 ——————— 17

1　資産の分類 …………………………………… 17

2　資産の評価基準 ……………………………… 19

3　金銭債権 ……………………………………… 20

4　棚卸資産 ……………………………………… 23

5　有形固定資産 ………………………………… 27

第3章　貸借対照表（2）負債と純資産 ———— 33

1　企業の資金調達方法 ………………………… 33

2　負　債 ………………………………………… 34

3　純資産 ………………………………………… 38

vi

第 4 章　損益計算書 ——————————————— 39

　1　費用・収益と損益計算書 ……………………… 39

　2　費用と収益の認識基準 ………………………… 41

　3　工事契約における収益の認識基準 …………… 43

第 5 章　キャッシュ・フロー計算書 ——————— 47

　1　キャッシュ・フロー計算書 …………………… 47

　2　損益計算書とキャッシュ・フロー計算書の比較 ………… 51

　関連トピック③　キャッシュ・フロー経営　53

第 6 章　収益性分析 ——————————————— 55

　1　財務諸表分析（経営分析）……………………… 55

　2　収益性分析 ……………………………………… 57

　関連トピック④　業種別売上高利益率　59

　関連トピック⑤　在庫管理の必要性　65

第 7 章　安全性分析 ——————————————— 67

　1　短期的な安全性分析 …………………………… 67

　2　長期的な安全性分析 …………………………… 69

　3　収益性と安全性 ………………………………… 71

　関連トピック⑥　自己資本利益率（ROE）の動向　72

第 8 章　損益分岐点分析 ————————————— 75

　1　損益分岐点分析 ………………………………… 75

　2　目標利益を達成する売上高を求める ………… 77

　3　経営安全額と経営安全率 ……………………… 79

　関連トピック⑦　損益分岐点比率の動向　81

第 9 章　業務的意思決定 ————————————— 83

　1　業務的意思決定 ………………………………… 83

目　次　vii

　　2　自製か外部購入かの意思決定……………………………………… 83
　　3　資源の制約がある場合の意思決定…………………………………… 86
　　関連トピック⑧　アンゾフの意思決定論　88

第10章　設備投資の意思決定 ——————————— 91
　　1　回収期間法………………………………………………………… 91
　　2　正味現在価値法…………………………………………………… 92
　　関連トピック⑨　不動産評価とDCF法　96

第11章　原価計算の基礎知識 ——————————— 99
　　1　製造原価の分類…………………………………………………… 99
　　2　個別原価計算　…………………………………………………… 100
　　3　総合原価計算 ……………………………………………………… 101

第12章　株式投資・不動産投資の基礎知識 ————— 105
　　1　株式投資の基礎知識 ……………………………………………… 105
　　2　ポートフォリオ理論 ……………………………………………… 109
　　3　不動産投資の基礎知識：レバレッジ …………………………… 110
　　関連トピック⑩　ポートフォリオの具体例　111
　　関連トピック⑪　不動産投資におけるリスク　115

第13章　企業の不動産戦略 ——————————— 117
　　1　CRE戦略 ………………………………………………………… 117
　　2　不動産に関連する会計基準 ……………………………………… 118
　　3　不動産の処分（オフバランス）………………………………… 120
　　関連トピック⑫　日本における不動産会計の適用状況　121

索　引　125

第1章　財務諸表総論

> **本章の学習事項**
> 1．株式会社の特徴は何か。
> 2．会計とは何か，会計学を学ぶ意味は何か。
> 3．財務諸表とは何か，財務諸表にはどのような種類があるのか。
> 4．会計を取り巻く規則・法律にはどのようなものがあるのか。

1　株式会社の特徴

　日本の会社は4つに分類されますが，一番数が多いのが「株式会社」という形態の企業です。そこで，まず株式会社制度の特徴について見てみましょう。

（1）株式の発行

　株式会社は株式を発行して，企業経営に必要な資金を調達します。株式を保有している人を株主といいます。たとえば，福島株式会社が株式を1,000万円発行したとすると，図表1.1のようになります。

図表1.1　株式の発行

```
                 株式1,000万円
┌──────────┐  ────────────→  ┌──────┐
│ 福島株式会社 │               │ 株  主 │
└──────────┘  ←────────────  └──────┘
                 現金1,000万円
```

（2）有限責任制度

　図表1.1で，その後，福島株式会社が銀行からの借金を1億円かかえたま

ま倒産したとします。この場合，株主は，福島株式会社に代わって銀行に借金1億円を返済しないといけないのでしょうか。答えはNoです。株主は，会社に代わって借金を返済する必要はありません。

ただ，会社が倒産すると株式の価値はゼロになってしまうので，株主は最大1,000万円損をしますが（1,000万円で購入した株式の価値がゼロになるので），1,000万円を超えて損することは絶対にありません。このように，株主は損をする上限額が決まっている，言い換えると，責任に限度が有り，これを**有限責任制度**といいます。この制度があるので，株主は自分の責任で株式を買うことができるのです。

株主になると，以下の「可能性」があります（「必ず」ではないことに注意）。

① 配当をもらえる可能性がある

株式会社は，利益が生じるとその一部を資金提供者である株主に還元します（**配当：インカム・ゲイン**）。

② 株式を売却して利益を得る可能性がある

株価（株式の価格）は日々変動します。一般的には，会社の業績が好調だとその企業の株価は上昇します。たとえば，みなさんが1,000円で購入した株式を1,200円で売却できれば，200円の利益（もうけ）です。株式の売却による利益を**キャピタル・ゲイン**といいます。逆に，株式の売却による損失を**キャピタル・ロス**といいます。

【不動産の場合のインカム・ゲインとキャピタル・ゲイン】
インカム・ゲイン …… 家賃収入
キャピタル・ゲイン … 不動産の売却による利益（もうけ）

（3）所有と経営の分離

自営業のような小さな株式会社では，経営者が会社の株式の多くを保有して

いることがよくあります（実家が株式会社である学生であれば，両親や親族が株式を保有しているでしょう）。つまり，小規模会社では，会社の所有者（株主）と経営者が同一人物であることが多いのです。

しかし，会社規模が拡大すると，株主の数も増加します。このときに，株主が全員，会社の経営に携わることは不可能であり，非効率です。そこで，会社が大きくなると，会社の経営は，経営者という専門家に任せた方が効率的になります。このように，会社規模が拡大すると，会社の所有者である株主と，会社の経営を実際に行う経営者が分離することになります。このことを**所有と経営の分離**といいます。

2 会計と財務諸表

2.1 会計とは何か

会計（accounting）とは，企業などが行う活動を金額で測定して，報告する行為です。会計によって得られた情報（利益額や売上高など）をまとめた書類を**財務諸表**といいます。つまり，会計とは財務諸表を作成するための行為といえます。

図表1.2　経営活動・会計・財務諸表の関係

企業の経営活動	⇒	会計	⇒	財務諸表（経営活動の結果を金額化したもの）

会計は，それが想定する情報利用者の種類によって，一般的には，次の2つに分類されます。本書では，（1）の財務会計を中心に学習します。

（1）**財務会計** … 企業の外部の利害関係者（株式投資家，銀行など）に対する情報提供を目的とする会計

（2）**管理会計** … 企業の内部の利害関係者（経営者や従業員など）に対する情報提供を目的とする会計

2.2 会計（学）を学ぶ意味

会計はビジネスの共通言語ともいわれ，みなさんがビジネスをする際には必要不可欠な知識です。会計の存在を抜きにして企業の経営状態を表すことはできません。企業の活動の成果を報告したり，経営計画を作成したりする際には，会計の知識が必要です。つまり，会計は，すべての企業や組織で必要なのです。ここに会計（学）を学ぶ意味があります。

3 財務諸表の特徴

財務諸表には，次のような特徴があります。

（1）貨幣的測定

財務諸表には，企業の財務状況を貨幣額（日本企業なら円，アメリカ企業ならドル）で表示するという特徴があり，これを**貨幣的測定の公準**といいます（公準は前提という意味です）。たとえば，ある企業が土地（500㎡，価値1,000万円）を所有している場合，財務諸表には，「土地1,000万円」と表示されるのです。

（2）期間的測定

会計では，企業が将来にわたり無期限に継続するという前提をおいており，これを**継続企業の公準**といいます。そのため，財務諸表は，一定期間ごとに作成されます。この区切りのことを**会計期間**といい，会計期間の初日を**期首**，最終日を**期末（決算日）**といい，会計期間の途中の日を**期中**といいます。また，現在の会計期間を**当期**，1つ前の会計期間を**前期**，1つ後の会計期間を**次期**といいます（図表1.3）。

図表1.3　会計期間

| 前　期 | ×7年4月1日
期　首 | 当　期 | ×8年3月31日
期　末 | 次　期 |

4　財務諸表の種類

4．1　個別財務諸表と連結財務諸表

　財務諸表の作成対象とする企業の範囲の違いによって，次の2種類の財務諸表があります（図表1.4）。
（1）**個別財務諸表** … 各企業が作成する財務諸表です。
（2）**連結財務諸表** … 企業集団全体の財務諸表です。

図表1.4　個別財務諸表と連結財務諸表

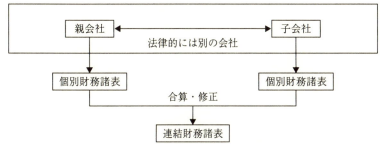

　親会社は他の企業を「支配している会社」であり，**子会社**は親会社に「支配されている」企業です。他の会社を「支配している」とは，簡単に言うと，「相手の会社を自分の思うとおりに動かすことができる」ということです。

【セブン＆アイ・ホールディングスの場合】

ホールディングス (holdings)

　最近，社名に「ホールディングス」が入る会社が多くなっています。たとえば，「(株)セブン＆アイ・ホールディングス」，「サッポロ・ホールディングス (株)」，「野村不動産ホールディングス (株)」などがあります。

　ホールディングスは「持株会社」という意味であり，企業集団全体の中心となる会社のことです。持株会社は，基本的には自ら製造や販売といった事業は行いません。持株会社の主たる業務は，企業集団全体の経営を管理することです。

関連トピック①　グループ経営

　本章では，個別財務諸表と連結財務諸表について学んでいます。そして，連結財務諸表は，企業グループの経営活動を反映させる重要な資料であることがわかりました。そこで，本コラムでは，グループ経営について背景知識を確認したいと思います。

□なぜグループ経営が定着してきたか

　近年，日本企業でも企業グループ内で企業同士の統合やグループ外への売却などの事業再編が相次いでいるとともに，グループ経営の重要性が増してきています。この背景には以下のような点が考えられます。

1）法令・規制などの改正の背景

　・2000年の会計ビッグバンから，連結情報がディスクロージャーの中心となったこと
　・税制面でも，2002年税制改正により，連結納税制度が導入されたこと
　・1997年に独禁法改正で純粋持株会社が解禁されたのをはじめ，2000年の商法改正，2006年の会社法の施行などにより，さまざまなグループ管理の仕組みの導入が可能となったこと
　・特に，会社法が求める内部統制の基本方針に関する取締役会で決議すべきもののなかに，グループ経営管理に関する事項が規定されたこと

2）企業グループ全体の最適経営からの必要性

　・バブル崩壊後，日本企業は「選択と集中」によるグループ事業再編の必要性に迫られており，グループ事業の強み・弱みの明確化や事業領域の重複と不足の解消などによって，グループの全体最適の視点が求められるようになってきたこと

・執行役員制度やカンパニー制度など，権限委譲の範囲の拡大により，意思決定のスピードアップが必要視されてきているなかで，ガバナンス機能の弱体化が露呈してきており，企業グループ全体でのコーポレートガバナンスとグループ会社の監視機能強化が社会や投資家からも求められていること

□グループ経営に期待されるものは何か
・親会社が純粋持株会社となって，子会社をその下に配置することにより，親会社は，全体最適の実現という視点から，子会社を効率よく導くことが可能となります。
・親会社が人材を一括して採用し，グループ会社に配置し採用経費を削減したり，一括仕入れをすることで，仕入単価を抑えることにより，効率的な経営が実現できます。
・子会社に自律性を付与することで，積極的な業務拡大を後押しすることにより，結果的に，グループ全体の業績を高めることが可能となります。
(出所) KPMGホームページ
https://home.kpmg.com/jp/ja/home/insights/2013/10/gmanagement.html

4．2　年度財務諸表と四半期財務諸表

財務諸表は，その会計期間の長さの違いによって，次の2種類の財務諸表があります。
（1）**年度財務諸表** …… 1年ごとに作成される財務諸表です。
（2）**四半期財務諸表** … 3か月ごとに作成される財務諸表です。

図表1．5　年度財務諸表と四半期財務諸表

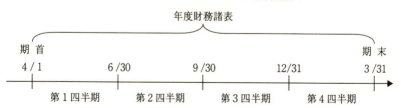

8

【練習問題1】

次の文章の（　）内に適切な語句を入れなさい。

1．企業の外部のさまざまな利害関係者に対する情報提供を目的とする会計を（①）会計といい，企業の内部の経営管理者に対する情報提供を目的とする会計を（②）会計という。

2．財務諸表では，企業の経営状況を貨幣額で表すという特徴を（③）の公準という。

3．会計では，企業が将来にわたり無期限に継続するという前提をおいているが，これを（④）の公準という。

4．会計期間の最初の日を（⑤），最後の日を（⑥）という。

5．各企業が作成する財務諸表を（⑦）財務諸表，支配従属関係にある複数の企業等からなる企業集団ごとに作成される財務諸表を（⑧）財務諸表という。

6．1年ごとに作成される財務諸表を（⑨）財務諸表，3か月ごとに作成される財務諸表を（⑩）財務諸表という。

①	②	③	④	⑤
⑥	⑦	⑧	⑨	⑩

5　貸借対照表と損益計算書

財務諸表には，**貸借対照表**や**損益計算書**などがあります。

5．1　貸借対照表

貸借対照表（Balance Sheet：B/S）とは，一定時点における企業の**財政状態**を明らかにするために，企業の**資産・負債・純資産**の状況を記載した財務諸表です。

第1章　財務諸表総論　9

（1）資　産

　資産とは，企業が所有している現金・債権（後でお金を受け取る権利）・建物・土地などであり，次のようなものがあります。

図表1.6　資産の具体例

	科　目	内　　容
①	現金預金	
②	売掛金	商品を掛け（後で代金を授受する約束）で販売したときに生じる債権
③	商品・製品	販売目的で購入したもののうち売れ残ったもの（在庫，**棚卸資産**ともいう）
④	有価証券	株式など
⑤	貸付金	他人に現金を貸したときに生じる債権（人に貸している金額）
⑥	備　品	コピー機，パソコン，事務机など
⑦	建物・土地	

（2）負　債

　企業は代金を後で支払う約束で商品を購入したり，銀行から借金したりすることがあります。このような場合，約束の日に返済しなければなりません。**負債**（法律の債務とほとんど同じ意味です）とは，後でお金を返済する義務であり，次のようなものがあります。

図表1.7　負債の具体例

	科　目	内　　容
①	買掛金	商品を掛け（後で代金を授受する約束）で購入したときに生じる債務
②	借入金	銀行等から現金を借りたときに生じる債務（銀行から借りている金額）

（3）純資産

　純資産は，資産合計と負債合計の差額です（初心者にとって，純資産は難しいので，深追いしなくていいです）。純資産には，次のようなものがあります。

図表1.8　純資産の具体例

科　目	内　容
①　資本金	株主から調達した金額
②　繰越利益剰余金	今までの利益の累積額

（4）貸借対照表の構造

　貸借対照表では，一般的には，資産を左側，負債と純資産を右側に記入します。右側に書く負債と純資産では，上に負債を下に純資産を記入します。

　たとえば，銀行から80万円の現金を借りて，株主から20万円の現金を調達した場合，貸借対照表は次のようになります。企業の資産の合計額と負債・純資産の合計額は必ず同じになります。

貸借対照表

資産	負債
現　金　　100	借入金　　80
	純資産
	資本金　　20

資産合計 ＝ 負債合計 ＋ 純資産合計

【練習問題2】

　次の各項目を資産，負債，純資産のいずれかに分類し，その**番号**を書きなさい。

①　売掛金　　②　土地　　③　借入金　　④　貸付金　　⑤　買掛金
⑥　資本金　　⑦　現金預金　　⑧　建物　　⑨　備品　　⑩　商品

資　産	
負　債	
純資産	

第1章　財務諸表総論　11

5.2　損益計算書

損益計算書（profit and loss statement：P/L）とは，1会計期間における企業の**経営成績**を明らかにするために，**収益・費用・利益（損失）**を記載する財務諸表です。

収益とは，利益が増加する原因で，次のようなものがあります。

図表1.9　収益の具体例

科　目	内　容
①　売上高	商品の販売高
②　受取家賃	受け取った家賃
③　受取利息	受け取った利息

費用とは，利益が減少する原因で，次のようなものがあります。

図表1.10　費用の具体例

科　目	内　容
①　売上原価	販売した商品の原価（商品の購入代金）
②　給料手当	従業員や経営者に支払った給料など
③　研究開発費	研究開発のための費用
④　広告宣伝費	広告宣伝のための費用
⑤　支払家賃	支払った家賃
⑥　支払利息	支払った利息

損益計算書の構造は以下のとおりであり，何種類かの利益が表示されます（波線を引いたところに注目してください）。なお，収益・費用・利益には，以下の関係があります。

収益合計 － 費用合計 ＝ 当期純利益（マイナスの場合は当期純損失）

損益計算書

	売上高	1,000円	・・	売った商品の金額
(−)	売上原価	600円	・・	売った商品の原価（購入金額）
	売上総利益	400円	・・	粗利益ともいう
(−)	販売費および一般管理費	100円	・・	販売活動や管理活動でかかった費用
	営業利益	300円	・・	会社の**本業**の利益
(+)	営業外収益	80円	・・	本業以外から生じた収益
(−)	営業外費用	20円	・・	本業以外から生じた費用
	経常利益	360円	・・	本業の利益 ＋ 本業以外の利益
(+)	特別利益	10円	・・	臨時的に発生した収益
(−)	特別損失	20円	・・	臨時的に発生した損失
	税引前当期純利益	350円	・・	税金を引く前の利益
(−)	法人税等合計	150円	・・	会社に課せられた税金
	当期純利益	200円	・・	税金を引いた後の最終的な利益

【練習問題3】

次の項目を，収益・費用のいずれかに分類し，その**番号**を書きなさい。

① 支払利息　　② 研究開発費　　③ 受取利息　　④ 売上原価　　⑤ 売上高
⑥ 広告宣伝費　⑦ 受取家賃　　　⑧ 支払家賃

収　益	
費　用	

【練習問題4】

次の文章の（　）内に適切な語句を入れなさい。

1．損益計算書は，会社の（①）を表している。

2．会社利益のうち「粗利益」とも呼ばれるのは（②）利益，本業の利益は（③），本業の利益と本業以外の利益の合計は（④）利益，税金を引いた後の最終的な利益は（⑤）である。

①	②	③	④	⑤

6 会計を取り巻く法律・規則（企業会計制度）

6.1 企業会計制度

　財務諸表の作成を企業の自由に任せてしまうと，業績の良いときだけ作成する，自社にとって都合の良い情報しか公表しないといったことが起こりえます。また，財務諸表の作成方法や公表する財務諸表が企業ごとに異なると，企業間で比較することもできなくなってしまいます（たとえば，A社は貸借対照表だけ公表し，B社は損益計算書だけ公表したら，両社の比較は困難です）。

　そこで，法令により，財務諸表の作成や公表方法を強制するとともに，その方法に関して最低限度の事項を規制しています。このような法令等に基づいて行われる企業の財務諸表の作成や公表方法の制度を**企業会計制度**といいます。日本の主要な企業会計制度としては，**会社法**や**金融商品取引法**があります。

　会社法は，企業の設立・組織・運営管理等について定めた法律であり，すべての会社に適用されます。

　金融商品取引法は，上場企業（株式を証券取引所に上場した企業）などに対して適用されます（大企業をイメージしてください）。企業には，非常に大きな企業から従業員数名の小さな企業まで多数あります。これらの多様な企業に対して会社法という法律1つでは対応できません。そこで，一定の基準を満たす大規模な企業に対しては，会社法に加えて，金融商品取引法でも規制しているのです。ここで注意してほしいことは，上場企業は会社法の適用も受けるし，金融商品取引法の適用も受けるということです。

	会 社 法	金融商品取引法
上場企業など	○（適用）	○（適用）
上記以外の会社	○（適用）	×（適用しない）

14

６．２　財務諸表監査

　みなさんは，企業が作成した財務諸表を信用することができるでしょうか。もしかしたら，企業の経営がうまくいっていると見せかけるために，実際よりも良く書かれているかもしれません（粉飾決算といいます）。

　そこで，このようなことを防ぐために，企業とは独立した第三者である**公認会計士**（や**監査法人**）が，企業の財務諸表が正確かどうかを調べます。このことを**財務諸表監査**といいます。

　そして，監査人は財務諸表の適正表示に関する意見を表明しますが，この監査意見は**監査報告書**として財務諸表に添付されます。このような監査制度があるので，企業の財務諸表を信頼することができるのです。

６．３　財務諸表の利用

　企業が作成した財務諸表は，さまざまな**利害関係者**が利用できます。一般的には，財務諸表は，次のような使われ方をします。財務諸表などの企業に関係する情報を外部に公表することを**ディスクロージャー**（disclosure：開示）といいます。

図表１.１１　財務諸表の利用者と利用方法

利害関係者	どのように利用するか
株式投資家	・企業の株式を買うべきか（売るべきか）どうか判断する
銀　　　行	・企業に融資するかどうか判断する ・融資するとしたら利息はどのぐらいにするかを決定する
取　引　先	・この会社と取引しても大丈夫かを判断する
経　営　者 従　業　員	・自社の経営はうまくいっているのか判断する ・競争相手と比較する
税務当局	・企業に課す税金を決める

第1章 財務諸表総論　15

重要性の原則

　数百億円の資産を有するような企業が，文房具がどのぐらい残っているかをいちいち調べて資産として記載するのは面倒ですし，あまり意味がありません。そこで，会計は，ある項目が性質や金額の大小からみて重要性が低いと判断される場合には，厳密な処理を行わないで，実務上簡便な方法を採用することを認めています。これを**重要性の原則**といいます。この原則を適用すると，たとえば重要性が乏しいもの（文房具など）は，資産として計上しなくてもいいことになります。

【練習問題5】

　次の文章の（　）内に適切な語句を入れなさい。

1．日本の企業会計制度のうち，企業の設立・組織・運営管理等について定めた法律であり，すべての会社に適用されるのは（①），上場企業などに対して適用されるのは（②）である。
2．公認会計士が，企業の財務諸表が正確かどうか調べることを財務諸表（③）という。
3．監査意見は（④）として財務諸表に添付される。
4．財務諸表などの企業に関係する情報を外部に公表することを（⑤）という。

①	②	③	④	⑤

関連トピック②　株式会社を取り巻く関係者

　本章では，株式会社制度のあらましを学びました。株式会社の社会的影響力は大きく，さまざまな人々の利害を左右させます。本コラムでは，会社を取り巻く代表的な関係者である「株主」，「債権者」，「従業員」，「取引先」，「政府機関」について，彼らが会社に対してどのような関心があるのか確認してみたいと思います。

・株主（出資者）→ 自己が出資した資金を企業の経営者が管理・運用している状況と，その結果としての利益によって示される企業の収益力に関する情報を必要とする。

・債権者（銀行）→ 銀行や社債保有者などの債権者は，自己が有する債権の元本と利子についての企業の支払い能力に注目している。

・従 業 員 → 給与水準，将来受け取る退職金等について，企業の収益力，生産性，支払能力等に関心を有する。

・取引先（仕入先，顧客）→ 仕入先は売上代金の回収可能性との関係において，顧客はアフターサービス，取引等の条件交渉のため，企業の収益力に関心がある。

・政府機関 → 税金の徴収，補助金の交付，料金設定，行政指導等のために，企業の財務内容に関心をもつ。

第2章　貸借対照表(1)　資　産

> **本章の学習事項**
> 1. 資産は，貸借対照表ではどのように分類されているのか。
> 2. 資産の評価方法にはどのようなものがあるのか。
> 3. 各資産は，どのように評価されているのだろうか。

1　資産の分類

　資産は，貸借対照表では**流動資産**と**固定資産**の2つに区分して表示されています。資産をこれら2つに分類する際には，まず**正常営業循環基準**を適用し，次に**1年基準**を適用します。

　営業循環とは，会社が商品などを仕入れて販売して代金を決済するという会社の主たる営業活動（本業）の循環のことです。正常営業循環基準とは，簡単に言うと，会社の本業に関係する資産はすべて流動資産とする基準です。

図表2.1　営業循環とそれに対応する資産例

　正常営業循環基準から外れた資産には，1年基準が適用されます。1年基準では，決算日の翌日から1年以内に現金化される予定の資産は流動資産，1年を超えて現金化される予定の資産は固定資産とします。なお，負債も貸借対照

図表2.2 資産の分類方法

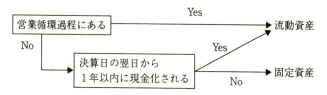

表では同じように**流動負債**と**固定負債**に区分して表示されています。

固定資産は、さらに**有形固定資産・無形固定資産・投資その他の資産**の3つに区分して表示されます。**有形固定資産**とは、会社の営業活動で長期的に使用する具体的な形のある資産で、建物・備品・機械・土地などです。**無形固定資産**とは、会社の営業活動で使用する具体的な形のない固定資産(法律上の権利など)で、特許権(特許を認められた発明を一定期間、独占的に使用できる権利)などがあります。**投資その他の資産**とは、有形固定資産と無形固定資産以外の固定資産で、長期貸付金(返済期限が1年を超える貸付金)などがあります。

資産の分類をまとめると、図表2.3のようになります。

図表2.3 資産の分類の全体像

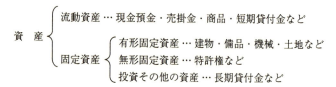

【練習問題1】
それぞれの資産が流動資産、固定資産のどちらに分類されるか答えなさい。
(1) あるパソコン販売会社の場合
① 未販売のパソコン(商品)
  ⇒「パソコンを仕入れて売る」という企業の営業過程にある ⇒ (　　　) 資産
② パソコン販売から生じた売掛金
  ⇒「パソコンを仕入れて売る」という企業の営業過程にある ⇒ (　　　) 資産

第2章　貸借対照表(1)　資　産　19

③　他社への貸付金

「パソコンを仕入れて売る」という企業の営業過程にない

⇒ 1年以内に回収できるものは（　　　　）資産，そうでなければ（　　　　　）資産

（2）企業が不動産（建物）を保有している場合

① 　不動産会社が販売するための不動産　⇒（　　　）資産

②　長期的（1年を超える）に保有する投資目的で購入した不動産

⇒（　　　）資産

③　長期的（1年を超える）に保有する自社で使う不動産　⇒（　　　）資産

【練習問題2】

次の資産を流動資産と固定資産に分類し，その**番号**を記入しなさい。

①　建物　　　②　売掛金　　③　商品　　　　④　長期貸付金

⑤　現金預金　　⑥　土地　　　⑦　短期貸付金　　⑧　機械

流動資産	
固定資産	

2　資産の評価基準

資産を貸借対照表に記載するときには，貨幣的測定の公準（4ページを参照）に基づいて，資産の金額を決定する必要があります。貸借対照表に計上する資産の金額を決定することを**評価**（または**測定**）といいます。資産の評価基準は大きく分けると，**取得原価**と**時価**に大別できます。

取得原価評価は，その資産を取得（購入）するのに要した金額である取得原価を基礎とする評価基準です。**時価評価**は，資産の時価（決算時の市場での価格）を基礎とする評価基準です。

たとえば，建物（取得原価100万円，時価70万円）を所有しているとすると，取得原価評価であれば貸借対照表には「建物100万円」と記載されますし，時価

評価であれば貸借対照表には「建物70万円」と記載されます。

これ以降，各資産がどちらの評価基準を基礎にしているかを見ていきます。

3　金銭債権

3.1　金銭債権

金銭債権とは，簡単に言えば，将来相手から金銭で返してもらえる金額であり，以下のようなものがあります。

図表2.4　金銭債権の具体例

	科　目	内　　　容
①	受取手形	将来受け取る手形債権。手形とは，代金を後日授受する約束をした証書です。
②	売掛金	商品の掛け売上（代金を後日受け取る約束での売上）という企業の主たる営業活動から生じる債権
③	貸付金	他人に現金を貸したときに生じる債権（人に貸している金額）
④	未収入金	企業の主たる営業活動以外の取引から生じた債権

（1）受取手形

手形とは，手形代金の支払人が支払日に手形代金の受取人に手形代金を支払うことを約束した証券であり，次のような**約束手形**が用いられます。

No.23　　約　束　手　形

明海商店　殿

金額　¥　50,000

〇年9月30日

振出地　浦安市入船×

振出人　浦安商店　印

支払日　〇年12月30日
支払地　東京都　江東区
支払場所　新東西銀行　××支店

この約束手形は,「○年9月30日に浦安商店が,○年12月30日になったら明海商店に50,000円を支払うことを約束した」ことを意味しています。手形を作成し,相手に渡すことを**手形を振り出す**といいます。

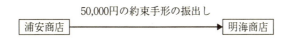

受け取った人（明海商店）… 12月30日に50,000円受け取る権利（資産）が生じます
　　　　　　　　　⇒ この資産の名前を**受取手形**といいます。
振り出した人（浦安商店）… 12月30日に50,000円支払う義務（負債）が生じます
　　　　　　　　　⇒ この負債の名前を**支払手形**といいます。

手形の不渡り

　手形債務者（上の例では浦安商店）が,支払日に手形代金を支払えないことを**手形の不渡り**といいます。会社は6か月以内に2回の不渡りを出すと「銀行取引停止」の処分を受け,この処分を受けると,金融機関と貸出取引等が2年間できなくなります。
　「銀行取引停止」の処分を受けることにより,資金繰りの悪化,信用の低下につながり,会社を運営することがに非常に困難になります。それゆえ,（法律上）会社自体はまだ存続していても,実際には会社経営を行うのが非常に困難になるので,**事実上の倒産**といわれます。会社が倒産する大きな要因は,「損失になった」ではなく,「借金を支払う資金がない」ということです。

（2）売掛金と未収入金

売掛金と未収入金の違いは,図表2.5のとおりです。

図表2.5　売掛金と未収入金の違い

発生原因	具体例	資産の名称
企業の本業から生じた	・家具販売店が，代金は後日受け取る約束で家具を販売する。	売掛金
企業の本業以外から生じた	・家具販売店が，代金を後日受け取る約束で不要になった建物を売却する。	未収入金

３．２　金銭債権の評価方法と表示

　金銭債権は，取得原価から貸倒見積額を控除した金額で貸借対照表に記載されます（つまり，取得原価が基礎になっています）。相手先の倒産などにより，金銭債権が回収できないことを**貸倒れ**といい，**貸倒見積額**とは，将来に発生が見込まれる貸倒れの予想額です。貸倒見積額は，貸借対照表では**貸倒引当金**として表示されます。

　たとえば，受取手形30,000円の貸倒見積額が200円，売掛金20,000円の貸倒見積額が150円の場合，貸借対照表には次のように記載されます。なお，貸倒見積額は，貸借対照表に記載されると同時に，**貸倒引当金繰入**（費用）として損益計算書にも記載します。

貸借対照表

流動資産	
受取手形	30,000
売掛金	20,000
貸倒引当金	△350

損益計算書

販売費および一般管理費	
貸倒引当金繰入	350

【実例：富士通（株）の2017年3月31日の個別貸借対照表】

単位：百万円

流動資産	
受取手形	901
売掛金	522,701
短期貸付金	0
未収入金	189,195
貸倒引当金	△288

第2章 貸借対照表 (1) 資 産 23

【練習問題3】

(1) 各金銭債権の説明として適切なものを線で結びなさい。

(2) 受取手形50,000円の貸倒見積額が900円，売掛金30,000円の貸倒見積額が400円
の場合，貸借対照表の空欄に適切な金額を入れなさい。

(1) ① 受取手形・　　　・（ア）商品を掛けで販売したときに生じる債権

　　② 売掛金　・　　　・（イ）企業の主たる営業活動以外の取引から生じた債権

　　③ 貸付金　・　　　・（ウ）将来受け取る手形債権

　　④ 未収入金・　　　・（エ）他人に現金を貸したときに生じる債権

(2)
単位：円

流動資産		
受取手形	（	）
売掛金	（	）
貸倒引当金	△（	）

4　棚卸資産

4．1　棚卸資産の範囲

　棚卸資産とは，販売目的で保有する**商品・製品・原材料**等の総称です。以下
では，商品を中心に説明します。

図表2.6　商品と製品の違い

	意　味	具体例
商　品	外部から購入した物をそのまま販売する	パソコン販売会社が外部からパソコンを購入し，そのまま販売する場合，この企業にとって，パソコンは商品となります。
製　品	外部から原材料を購入して自社で製造する	自動車製造会社が，外部から原材料を購入して，自社で自動車を製造し販売する場合，この企業にとって，自動車は製品になります。

4.2 売上原価

企業が販売した商品の原価の合計を売上原価といい，次の式で計算します。

売上原価 ＝ 期首商品棚卸高 ＋ 当期商品仕入高 － 期末商品棚卸高

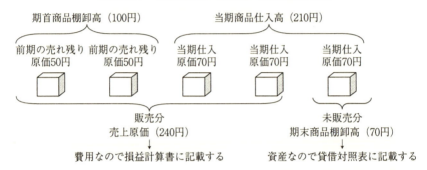

図表2.7　商品棚卸高・仕入高・売上原価の関係

【練習問題4】

次の（1）から（3）の空欄に適切な金額を入れなさい。

	期首商品棚卸高	当期商品仕入高	期末商品棚卸高	売 上 原 価
（1）	800円	1,000円	500円	（　　　）円
（2）	（　　　）円	500円	160円	620円
（3）	300円	520円	（　　　）円	700円

4.3 棚卸資産の評価

販売目的でパソコンを1台20万円で外部から購入しました。残念ながら，期中にこのパソコンは売れず，決算日に売れ残ってしまいました。決算日のこのパソコンの時価は16万円だとします。この場合，どうするのでしょうか。

棚卸資産は，原則として，取得原価で貸借対照表に記載します。ただし，棚卸資産の時価が取得原価より低くなった場合，時価で貸借対照表に記載します。この場合には，取得原価と時価の差額は，**棚卸資産評価損**とします。なお，棚

第2章 貸借対照表(1) 資 産 　25

卸資産の時価が原価より高くなった場合は，時価を使わないことに注意してください。

取得原価	時　　価	貸借対照表の商品の金額	棚卸資産評価損
10万円	8万円	8万円	2万円
10万円	15万円	10万円	0万円

【練習問題5】

　次の（　）に適切な数値を入れなさい。数値を入れる必要がない場合は「0」とすること。

	取得原価	時　　価	貸借対照表の商品の金額	棚卸資産評価損
(1)	700万円	790万円	万円	万円
(2)	500万円	430万円	万円	万円

棚卸資産評価損は，損益計算書では，売上原価に加算します。

【例題1】 －教員と一緒に考えよう－

　次の資料に基づき，（　）に適切な数値を入れなさい。

① 期末商品の原価は40円，時価は30円である。

貸借対照表（単位：円）

流動資産	
商　品	（　　）

損益計算書（単位：円）

売上高		300
売上原価		
期首商品棚卸高	60	
当期商品仕入高	120	
合　計	180	
期末商品棚卸高	（　　）	
棚卸資産評価損	（　　）	（　　）
売上総利益		（　　）

【練習問題６】

次の資料に基づき，（　）に適切な数値を入れなさい。

① 期末商品の原価は80円，時価は50円である。

貸借対照表（単位：円）

流動資産	
商　　品	（　　　　）

損益計算書（単位：円）

売上高		400
売上原価		
期首商品棚卸高	40	
当期商品仕入高	100	
合　　計	140	
期末商品棚卸高	（　　　）	
棚卸資産評価損	（　　　）	（　　　）
売上総利益		（　　　）

【実例：富士通（株）の2017年３月31日の個別損益計算書（一部修正）】

単位：百万円

売上原価		
期首製品棚卸高	63,684	
当期製品仕入高	1,570,876	
合　　計	1,634,560	
期末製品棚卸高	79,667	
棚卸資産評価損	5,456	1,560,349

第2章　貸借対照表(1)　資産　27

棚卸資産評価損と企業経営

　棚卸資産評価損は，費用として損益計算書に記載されるので，その分，企業の利益が減ります。最近は，特に家電製品やパソコンなどは，新商品でもすぐに値下がりします。また，不動産は1つあたりの金額が非常に大きいです。そうすると，商品を大量に仕入れて，売れ残ってしまうと，多額の棚卸資産評価損を計上することになります。

　このような事態を避けるためには，企業は，「いかにして売れ残りの商品を少なくするか」ということを考えないといけません。つまり，どの商品がどれぐらい売れるかを調査し，どれぐらい仕入れればいいのかといった計画が重要になるのです。

5　有形固定資産

5.1　有形固定資産の範囲

　有形固定資産とは，企業が営業活動において長期的に使用するために保有する具体的な形をもつ資産であり，建物・土地・備品・車両運搬具・機械などがあります。有形固定資産には備品・車両運搬具・機械などが含まれるので，「不動産」よりも範囲が広いです。

5.2　減価償却

　有形固定資産は，一般的に土地を除いて，使用や時の経過によりその価値が徐々に低下します。**減価償却**とは，このような価値の減少を**減価償却費**（費用）として計上する手続きです。

5.3　減価償却費の計算方法

　減価償却費の計算方法には，次のようなものがあります。

（1）定額法

　定額法とは，資産の耐用年数（使用可能な年数）にわたり，<u>毎年一定金額だけ有形固定資産の価値を下げる</u>方法です。たとえば，90万円で取得した備品が3年間使用できて，3年後には価値がゼロになるとすると，1年間に30万円価値を下げます。この30万円は減価償却費（費用）として損益計算書に記載されます。定額法では，減価償却費は以下の算式で求めます。

1年分の減価償却費 ＝ 取得原価 ÷ 耐用年数

（2）定率法

　定率法とは，有形固定資産の未償却残高（残っている価値）に償却率を乗じて，減価償却費を計算する方法です。定率法では，減価償却費は以下の算式で求めます。

1年分の減価償却費 ＝ 未償却残高 × 償却率

＝（取得原価 － 減価償却累計額）× 償却率

減価償却累計額とは，今までの減価償却費の合計です。

	未償却残高①	償却率②	減価償却費③ ＝①×②	減価償却累計額	期末の価値 ＝①－③
1年目	100,000円	20%　(0.2)	20,000円	20,000円	80,000円
2年目	80,000円	20%　(0.2)	16,000円	36,000円	64,000円
3年目	64,000円	20%　(0.2)	12,800円	48,800円	51,200円

　＊2年目の減価償却費 ＝（100,000円－20,000円）× 20％ ＝ 16,000円

　　3年目の減価償却費 ＝（100,000円－36,000円）× 20％ ＝ 12,800円

第2章　貸借対照表(1)　資　産　29

【練習問題7】

次のそれぞれの減価償却費を計算しなさい。

（1）備品（取得原価48万円，耐用年数6年）について，定額法による1年分の減価償却費は（　　　）万円である。

（2）建物（取得原価240万円，耐用年数10年）について，定額法による3か月分の減価償却費は（　　　）万円である（1年分を出してから，3か月分を計算する）。

（3）定率法（償却率25％）に関する次の表を完成させなさい。

	未償却残高①	償却率②	減価償却費③ =①×②	減価償却 累計額	期末の帳簿価 額④=①−③
1年目	400,000円	25%（0.25）	円	円	円
2年目	円	25%（0.25）	円	円	円

5.4　有形固定資産の評価と表示方法

有形固定資産は，貸借対照表では，取得原価から減価償却累計額を控除する形で記載されます（つまり，取得原価が基礎になっています）。たとえば，建物（取得原価10,000円，減価償却累計額2,000円），備品（取得原価6,000円，減価償却累計額1,500円）がある場合，次のように表示されます。

```
有 形 固 定 資 産
  建       物          10,000
    減価償却累計額      △2,000      8,000
  備       品           6,000
    減価償却累計額      △1,500      4,500
```

なお，取得原価から減価償却累計額を引いた金額を**帳簿価額**といいます（上の例では，建物の帳簿価額は8,000円，備品の帳簿価額は4,500円という言い方をします）。帳簿価額とは帳簿上（記録上）の価値のことであり，現在の資産の時価を表しているわけではありません。

【実例：富士通（株）の2017年3月31日の個別貸借対照表】

単位：百万円

有形固定資産		
建　物	298,645	
減価償却累計額	△203,461	95,184
機械装置	22,861	
減価償却累計額	△21,197	1,663
車両運搬具	157	
減価償却累計額	△150	7
工具・器具・備品	218,093	
減価償却累計額	△177,010	41,082
土　地		67,797

5.5　減損処理

たとえば，企業が建物を1,000万円で購入したとします。企業が，このような投資を行うのは，投資額の1,000万円以上を稼ぐことができて，利益が出ると考えているからです。ここで，景気の悪化といった事態が発生して，「どうやっても今後，投資額の1,000万円を回収することができない」という事態になったらどうすればよいでしょうか。

この場合，建物の価値を**回収可能価額**（200万円だとします）で計算して，貸借対照表には「建物200万円」と記載し，差額の800万円を**減損損失**（費用）として損益計算書に記載します。このような収益性が大きく低下した有形固定資産の価値を引き下げる処理を**減損処理**といいます。

貸借対照表（単位：万円）

有形固定資産	
建　物	200

損益計算書（単位：万円）

特別損失	
減損損失	800

第2章　貸借対照表（1）資　産　31

【例題2】　―教員と一緒に考えよう―

当社は，建物を有している。この建物の資料は下に示すとおりである。次の手順により，減損損失額を求めてみよう。

　　帳簿価額　　　66,000円（投資額）
　　使用価値　　　46,000円（資産の**使用**から得られる現金）
　　正味売却価額　43,000円（資産の**売却**から得られる現金）

（1）回収可能価額の計算

回収可能価額とは，**使用価値**と**正味売却価額**のいずれか**大きい**ほうである。経営者であれば，いずれか大きいほうを選ぶはずである。つまり，回収可能価額とは，回収が可能な金額ということである。この例では，回収可能価額は（　　　　　　　）円となる。

（2）減損損失の計算

減損損失 ＝ 帳簿価額 － 回収可能価額なので，（　　　　　）円 － （　　　　　）円 ＝ （　　　　　）円の減損損失となる。また，この資産の貸借対照表上の金額は（　　　　　）円となる。

【練習問題8】

当社が所有している建物に関する以下の資料に基づいて，（　）に適切な数値を入れなさい。

　　帳簿価額　　　200,000円（投資額）
　　使用価値　　　135,000円（資産の**使用**から得られる現金）
　　正味売却価額　100,000円（資産の**売却**から得られる現金）

回収可能価額は，使用価値と正味売却価額のいずれか大きいほうだから，（　　　　　　）円になる。減損損失 ＝ 帳簿価額－回収可能価額なので，（　　　　　）－（　　　　　）＝（　　　　　）円の減損損失となる。また，この資産の貸借対照表上の金額は（　　　　　）円となる。

減損会計と企業経営

　減損会計は，収益性が大きく低下した不動産の価値を下げて，減損損失を計上するので，その分，利益が減少します。減損会計制度の導入によって，企業は，不動産の収益性（その不動産からいくら儲かるのか）を意識しながら経営をしなければならなくなりました。つまり，不動産は単に保有するだけではダメで，いかに適切に利用するかという**保有から利用**への意識変化のきっかけにもなったのです。

第3章　貸借対照表（2）負債と純資産

> **本章の学習事項**
> 1．企業の資金調達から見た場合，負債と純資産の違いは何か。
> 2．負債にはどのようなものがあるのか。
> 3．純資産にはどのようなものがあるのか。

1　企業の資金調達方法

　企業経営を行っていくには，資金が必要です。株式会社の資金調達方法は，大きく分けると，①債権者（銀行等）から資金を借りるか，②株式を発行するかのいずれかです。

1.1　債権者（銀行等）から資金を借りる

　他人から資金を借りた場合（6,000円借りたとしましょう），返済期日に資金を返済しないといけません。したがって，他人から借りた分は，貸借対照表では負債（後で返済する義務）になります。

1.2　株式を発行する

　株式会社は，株式を発行して資金を調達します（2,000円調達したとしましょう）。株式を発行して調達した資金は，返済の必要がないので，貸借対照表では純資産になります。

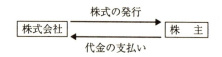

(資産)		(負債)		←債権者から借りた金額
現　　金	8,000	借　入　金	6,000	（返済の義務あり）
		(純資産)		
		資　本　金	2,000	←株主から調達した金額
				（返済の義務なし）

貸借対照表

債権者と株主

　債権者も株主も企業に資金を提供した点では同じですが，以下のような違いがあります。

　債権者は，基本的には企業の業績に関係なく，契約で決めた利息を受け取り，返済日には債権額を返済してもらえます。

　株主は，企業の業績が好調であれば配当の金額は多くなるし，不調であれば配当の金額は少なくなるというように，企業の業績によって受け取れる金額が異なります。

　また，企業が解散する場合には，債権者への返済が優先されます。つまり，企業が解散する際には，まず負債を返済し，それでも財産が余る場合，株主はその持株数に応じて残った財産の分配を受けることができ，これを株主の**残余財産分配請求権**といいます。

2　負　債

　負債は，簡単に言えば，将来お金を支払う義務です。

2.1　負債の区分表示

　負債も，貸借対照表では，**流動負債**と**固定負債**に区分して表示されています。負債をこれら2つに分類する際には，資産と同様に，正常営業循環基準と1年

基準が用いられます。つまり、企業の営業活動の循環から発生する負債は流動負債となり、その他の負債については、支払日が決算日の翌日から1年以内に到来するものは流動負債、1年を超えるものは固定負債とします。

図表3.1　負債の分類方法

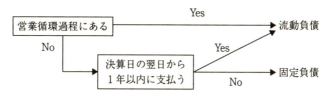

図表3.2　流動負債の具体例

科目	内容
支払手形	約束手形を振り出したとき等に生じる債務
買掛金	商品等の掛け仕入（代金を後日支払う約束での仕入）という企業の主たる営業活動から生じる債務
短期借入金	金銭を借り入れたときに生じる債務のうち、返済期日が決算日の翌日から1年以内のもの
未払金	企業の主たる営業活動以外の取引から生じる債務

図表3.3　固定負債の具体例

科目	内容
長期借入金	金銭を借り入れたときに生じる債務のうち、返済期日が決算日の翌日から1年を超えるもの
社債	社債の発行により生じる債務

（1）支払手形

「第2章　3　金銭債権（1）受取手形」の説明を参照してください。

（2）買掛金と未払金

買掛金と未払金の違いは、図表3.4のとおりです。

図表3.4　買掛金と未払金の違い

発生原因	具体例	資産の名称
企業の本業から生じた	・家具販売店が，代金を後日支払う約束で家具を購入する。	買掛金
企業の本業以外から生じた	・家具販売店が，代金を後日支払う約束で在庫管理用のパソコンを購入する。	未払金

(3) 社　債

社債とは，会社が資金を借りる際に発行する証書です。

発行会社にとって，社債発行で調達した100万円は後で返済する義務があるので，負債になります。また，発行会社は定期的に利息を支払います。

株式と社債の違い

会社は，資金調達のために株式や社債を発行しますが，発行会社からすると両者には次のような違いがあります。

	社　債	株　式
貸借対照表の区分	負　債	純資産
調達した金額の返済の義務	あ　り	な　し
配当の支払い	な　し	支払うことがある（必ずではない）
利息の支払い	あ　り	な　し

(4) 借入金や社債の表示方法

借入金（や社債）は，その返済期限が決算日の翌日から1年以内に到来するかどうかにより，流動負債または固定負債に区分されます。たとえば，企業に次の2つの借入金がある場合，貸借対照表では，以下のように表示されます。

① 半年後に返済する予定の借入金500万円（A借入金とする）
② 今後3年間，毎期末に100万円ずつ返済する予定の借入金300万円（B借入金とする）

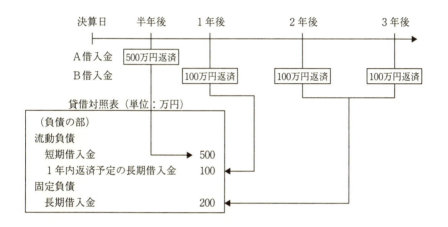

【実例：富士通（株）の2017年3月31日の個別貸借対照表】

単位：百万円

流動負債	
買掛金	496,201
短期借入金	64,372
1年内返済予定の長期借入金	50,405
1年内償還予定の社債	20,000
未払金	29,917
固定負債	
社債	180,000
長期借入金	145,223

【練習問題1】

以下の2つの借入金がある場合の貸借対照表を作成しなさい。

① 決算日から9か月後に返済予定の借入金900万円
② 今後4年間，毎期末に200万円を返済予定の借入金800万円

貸借対照表（単位：万円）

流動負債		
短期借入金	（	）
1年内返済予定の長期借入金	（	）
固定負債		
長期借入金	（	）

3　純資産

　純資産とは，資産と負債の差額です。負債と純資産はいずれも営業活動のための資金源泉（誰から資金を調達したか）を示しています。しかし，負債は他人から借りた資金であり返済の必要があるのに対して，純資産は株主から調達した資金であり返済の必要がないという違いがあります。純資産には，次のようなものがあります。

① 資本金 … 株主から調達した金額
② 繰越利益剰余金 … 企業の今までの利益の累積額

　初心者にとって，純資産は難しいので，あまり気にしなくていいです。

【練習問題2】

　次の文章の正誤を判定しなさい。

1．負債は，資金調達の観点からみると，株主からの資金調達である。
2．長期借入金であっても1年以内に支払期限が到来する部分については，原則的に「1年内返済予定の長期借入金」として流動負債に表示される。
3．貸借対照表の負債の部は，流動負債と固定負債に区分されている。
4．負債は返済の義務があるが，純資産は返済の義務はない。

第 4 章　損益計算書

> **本章の学習事項**
> 1. 費用と収益にはどのようなものがあるのか。
> 2. 費用と収益を認識する基準にはどのようなものがあるのか。

1　費用・収益と損益計算書

収益は，利益（正確には純資産）が増加する原因であり，**費用**は，利益（正確には純資産）が減少する原因です。**損益計算書**とは，1 会計期間における企業の**経営成績**を明らかにするために，**収益・費用・利益（損失）**を記載する財務諸表です。

1．1　損益計算書の構造

損益計算書

	売上高	1,000円	‥	売った商品の金額
（−）	売上原価	600円	‥	売った商品の原価（購入金額）
	売上総利益	400円	‥	粗利益ともいう
（−）	販売費および一般管理費	100円	‥	販売活動や管理活動でかかった費用
	営業利益	300円	‥	会社の**本業**の利益
（＋）	営業外収益	80円	‥	本業以外から生じた収益
（−）	営業外費用	20円	‥	本業以外から生じた費用
	経常利益	360円	‥	本業の利益 ＋ 本業以外の利益
（＋）	特別利益	10円	‥	臨時的に発生した収益
（−）	特別損失	20円	‥	臨時的に発生した損失
	税引前当期純利益	350円	‥	税金を引く前の利益
（−）	法人税等合計	150円	‥	会社に課せられた税金
	当期純利益	200円	‥	税金を引いた後の最終的な利益。**「最終利益」**ともいう

1.2 営業収益と営業費用

営業収益は，企業の本業から生じる収益で**売上高**が該当します。営業費用は，営業収益を得るために生じた費用で，**売上原価**と**販売費**および**一般管理費**が該当します。販売費および一般管理費とは，企業の販売活動や経営管理活動から生じた費用であり，広告宣伝費，給料賞与，減価償却費，研究開発費などがあります。

$$営業収益 - 営業費用 = 営業利益$$

1.3 営業外収益と営業外費用

これらは，企業の本業以外の活動から生じた収益や費用です。

営業外収益…受取利息，有価証券売却益，受取配当金など

営業外費用…支払利息，社債利息，有価証券売却損など

$$営業利益 + 営業外収益 - 営業外費用 = 経常利益$$

1.4 特別利益と特別損失

これらは，臨時的に発生した収益や費用です。

特別利益…固定資産処分益など

特別損失…固定資産処分損，減損損失，災害損失など

$$経常利益 + 特別利益 - 特別損失 = 税引前当期純利益$$

$$税引前当期純利益 - 法人税等合計 = 当期純利益$$

第4章　損益計算書　41

【練習問題1】
　以下の損益計算書の空欄に適切な語句または数値を入れなさい。

売上高	50,000
（①）	26,000
（②）利益	（⑦）
販売費および一般管理費	8,800
（③）利益	（⑧）
営業外収益	4,500
営業外費用	2,900
（④）利益	（⑨）
特別利益	1,600
特別損失	4,400
（⑤）利益	（⑩）
法人税等合計	4,000
（⑥）利益	（⑪）

①	②	③	④	⑤	⑥

⑦	⑧	⑨	⑩	⑪	

2　費用と収益の認識基準

　たとえば，5月20日に携帯電話代8,000円の請求書が送られてきて，6月3日に支払ったとします。このとき，携帯電話代8,000円という費用は，5月に計上するのでしょうか，それとも6月に計上するのでしょうか。

　収益や費用をどの時点で認識するかを判断する基準は，**現金主義会計**と**発生主義会計**の2つに大別されます。

２．１　現金主義会計

　これは，現金収入があったら収益を計上し，現金支出があったら費用を計上するという考え方です。信用取引（後で代金を授受する取引）が一般的な今日の企業では，現金主義はほとんど採用されておらず，次の発生主義が採用されています。

現金の収入　⇒　収益の認識

現金の支出　⇒　費用の認識

２．２　発生主義会計

　これは，現金の収入や支出があった時点ではなく，収益や費用が発生した時点で収益や費用を認識する方法です。そうすると，次に問題となるのは，「発生事実」をどのように考えるかです。

（１）費用の認識

　たとえば，携帯電話代の請求書を今日受け取ったけど，支払いは来月にするといったことはよくあります。この場合，現金を支払っていなくても，請求書を受け取った段階で携帯電話代という費用を計上します。つまり，現金の支払いに関係なく，当期に発生したと認められる費用はすべて当期の費用とする考え方であり，このような費用の認識基準を**発生主義**といいます。

費用の発生　⇒　費用の認識

（２）収益の認識

　自動車を製造し，販売している企業を考えてみましょう。収益は，自動車が製造された時点ではなく，お客に引き渡した時点で記録します。そして，引渡しの時点で，**収益が実現**したといいます。たとえば，３月10日に製造した自動車を，４月25日にお客に引き渡した場合，企業が収益を記録するのは４月25日です。このような収益の認識基準を**実現主義**といいます。

収益の発生（実現）　⇒　収益の認識

　原則として，収益の認識は実現主義に基づきますが，例外もあります。それを次にみてみましょう。

3　工事契約における収益の認識基準

　工事契約とは，建設業や造船業などのような建設・建造の請負工事です。通常，この種の工事は，長期にわたるため，工事の進行期間中に決算日が数回到来することもあります。そこで，工事が完成していない決算期において，工事に関する収益を計上するかどうか，計上するとしたらその金額をいくらにするのかが問題となります。工事契約における収益の認識基準には**工事完成基準**と**工事進行基準**があります。

3．1　工事完成基準
　工事完成基準とは，工事が完成し相手に引き渡した時点で，収益を計上する方法です。この場合，工事が2期間以上にわたって行われても，収益は完成した期のみに計上されます。この方法は，「商品の引渡しが行われなければ収益を計上してはならない」という実現主義を厳密に適用した考え方です。

3．2　工事進行基準
　工事進行基準とは，工事の進捗度$\left(\dfrac{実際発生原価}{見積工事総原価}\right)$に応じて収益を計上する方法です。この方法は，商品の引渡前に収益を認識するので，実現主義の例外です。

44

【例題1】 —教員と一緒に考えよう—

次の資料から，工事完成基準と工事進行基準の場合の各期の工事収益，工事原価および工事利益を計算しなさい。

（資料）　契約金額　18万円　　見積工事総原価　12万円
　　　　　実際発生原価　第1期：6万円　　第2期：4万円　　第3期：2万円
　　　　　工事の完成，引渡しは第3期に行われた。

（1）工事完成基準

	第1期	第2期	第3期
工　事　収　益	（　　　　　）万円	（　　　　　）万円	（　　　　　）万円
工　事　原　価	（　　　　　）万円	（　　　　　）万円	（　　　　　）万円
工　事　利　益	（　　　　　）万円	（　　　　　）万円	（　　　　　）万円

（2）工事進行基準

	第1期	第2期	第3期
工　事　収　益	（　　　　　）万円	（　　　　　）万円	（　　　　　）万円
工　事　原　価	（　　　　　）万円	（　　　　　）万円	（　　　　　）万円
工　事　利　益	（　　　　　）万円	（　　　　　）万円	（　　　　　）万円

【練習問題2】

次の資料から，工事完成基準と工事進行基準の場合の各期の工事収益，工事原価および工事利益を計算しなさい。

（資料）　契約金額　30万円
　　　　　見積工事総原価　20万円
　　　　　実際発生原価　第1期：10万円　　第2期：6万円　　第3期：4万円
　　　　　工事の完成，引渡しは第3期に行われた。

（1）工事完成基準

	第1期	第2期	第3期
工　事　収　益	（　　　　　）万円	（　　　　　）万円	（　　　　　）万円
工　事　原　価	（　　　　　）万円	（　　　　　）万円	（　　　　　）万円
工　事　利　益	（　　　　　）万円	（　　　　　）万円	（　　　　　）万円

（2）工事進行基準

	第1期	第2期	第3期
工　事　収　益	（　　　　　）万円	（　　　　　）万円	（　　　　　）万円
工　事　原　価	（　　　　　）万円	（　　　　　）万円	（　　　　　）万円
工　事　利　益	（　　　　　）万円	（　　　　　）万円	（　　　　　）万円

第5章 キャッシュ・フロー計算書

> **本章の学習事項**
> 1. キャッシュ・フロー計算書はどのような財務諸表なのか。
> 2. 会計上，利益と現金はどのように違うのか。

1 キャッシュ・フロー計算書

1.1 キャッシュ・フロー計算書

　キャッシュ・フロー計算書とは，企業のキャッシュ・フロー（cash flow: 現金の動き）の状況を報告するために作成される計算書です。具体的には，キャッシュ・フロー計算書は，1会計期間において，どのような原因でどれだけの現金収入と現金支出があったかを表示します。

　すでに，損益計算書を作成して利益を計算することを学習しました。では，なぜ損益計算書とは別に「現金の動き」の状況を示すキャッシュ・フロー計算書が必要なのでしょうか。それは，現行の会計制度では，損益計算書で利益が計上されていても，それと同額の現金が増加するわけではないからです。したがって，会社が現金を獲得する能力や負債を返済する能力をみるために，キャッシュ・フロー計算書が必要とされるのです。

　損益計算書とキャッシュ・フロー計算書の記載内容を比較すると，次のようになります。

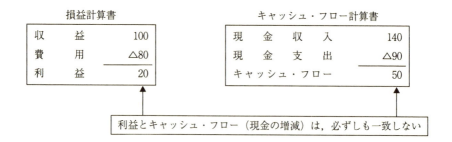

1.2 利益と現金の違い

　損益計算書では，利益 = 収益 − 費用で計算しましたが，利益 = 現金の増加額とは必ずしもなりません（同じにならないことがほとんどです）。

　「利益」と「現金の増減額」が一致しない原因は，収益（費用）を計上する時点と現金を回収する（支払う）時点が異なるからです。たとえば，ある会社が，次のような取引を行った場合を考えてみます。

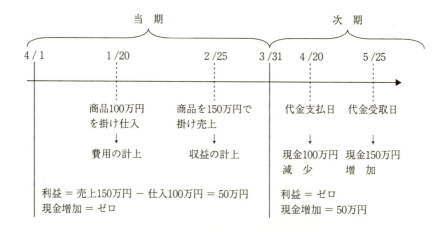

　このように収益（費用）を計上する時点と現金を受け取る（支払う）時点が異なるので，1会計期間の「利益」と「キャッシュ・フロー」は必ずしも一致しないのです。ただし，全期間を通じると，利益＝キャッシュ・フロー（現金の増加額）となります。

1.3 キャッシュ・フロー計算書の区分表示

キャッシュ・フロー計算書は，**営業活動・財務活動・投資活動**の3つに区分して表示されます。

キャッシュ・フロー計算書

①	営業活動によるキャッシュ・フロー	1,000
②	投資活動によるキャッシュ・フロー	△300
③	財務活動によるキャッシュ・フロー	200
④	現金及び現金同等物の増加額（＝①＋②＋③）	900
⑤	現金及び現金同等物の**期首残高**	700
⑥	現金及び現金同等物の**期末残高**（＝④＋⑤）	1,600

（1）営業活動によるキャッシュ・フロー

これは，会社の営業活動（本業）から生じたキャッシュ・フローです。

> 数値がプラス … 営業活動（本業）を継続していくために必要な資金を稼ぐことができる。大きければ大きいほど良い。

数値がマイナス … 営業活動（本業）を継続していくために必要な資金を稼ぐことができていない。

（2）投資活動によるキャッシュ・フロー

これは，不動産や有価証券への投資活動（購入や売却）から生じたキャッシュ・フローです。

数値がプラス …… 不動産などの売却を多く行っている。

数値がマイナス … 不動産などの投資を積極的に行っている。

（3）財務活動によるキャッシュ・フロー

これは，会社の資金調達や返済といった財務活動から生じたキャッシュ・フローです。

数値がプラス …… 銀行借り入れなどにより，資金を多く調達している。

数値がマイナス … 借入金の返済を多く行ったり，配当を多く支払ったりしている。

1.4　資金繰りの改善策

企業にとって借金を支払うための現金が十分あるか（**資金繰り**）というのは大事な問題です。言い換えれば，企業は商品を販売するだけではダメで，代金の回収まで考えないといけないのです。資金繰りを改善させるには，次のような方法があります。

① 現金販売の割合を増やす　② 不要な費用の削減をする
③ 過剰な仕入れをしない　④ 債権の回収を早期化する
⑤ 借入金を削減する　⑥ 不要な資産（不動産や株式）を売却して現金化する

第5章 キャッシュ・フロー計算書 51

2 損益計算書とキャッシュ・フロー計算書の比較

損益計算書とキャッシュ・フロー計算書の数値を比較して，その違いを見てみましょう。

【例題1】 ─教員と一緒に考えよう─
次の資料から，損益計算書とキャッシュ・フロー計算書を作成して，比較しなさい。
① 当期の売上高と仕入高の内訳（期首と期末の商品はゼロである）
　　　掛け売上160円　　　掛け仕入120円
② 売掛金と買掛金の残高

	期首残高	期末残高
売掛金	15円	20円
買掛金	26円	28円

【損益計算書の作成】

損益計算書

売　上　高	（　　　　　）	←掛け売上
売　上　原　価	（　　　　　）	←掛け仕入
利　　　益	（　　　　　）	

【キャッシュ・フロー計算書の作成】
キャッシュ・フロー計算書では，「現金」がいくら増減したかを求める。
（1）営業収入（現金収入）を求める
売掛金の現金回収額 ＝ 期首残高（　　　　　）円 ＋ 当期掛売上（　　　　）円 － 期末残高（　　　　　）円 ＝ （　　　　　）円となる。
（2）商品の仕入支出（現金支出額）を求める
買掛金の現金支払額 ＝ 期首残高（　　　　　）円 ＋ 当期掛仕入（　　　　）円 － 期末残高（　　　　　）円 ＝ （　　　　　）円となる。

キャッシュ・フロー計算書

営　業　収　入	（　　　　　　　）	←現金増加額
商品の仕入れによる支出	（　　　　　　　）	←現金減少額
キャッシュ・フロー	（　　　　　　　）	

【練習問題1】

　次の資料から，損益計算書とキャッシュ・フロー計算書を作成して，比較しなさい。

① 当期の売上高と仕入高の内訳（期首と期末の商品はゼロである）

　　　掛け売上150円　　　　掛け仕入100円

② 売掛金と買掛金の残高

	期首残高	期末残高
売掛金	20円	32円
買掛金	24円	19円

【損益計算書の作成】

損益計算書

売　　上　　高	（　　　　　　　）
売　上　原　価	（　　　　　　　）
利　　　　　益	（　　　　　　　）

【キャッシュ・フロー計算書の作成】

　キャッシュ・フロー計算書では，「現金」がいくら増減したかを求めます。

（1）営業収入（現金収入）を求める

　　売掛金の現金回収額 ＝ 期首残高（　　　　　）円 ＋ 当期掛売上（　　　　）円

　　　－ 期末残高（　　　　　）円 ＝ （　　　　　）円となります。

（2）商品の仕入支出（現金支出額）を求める

　　買掛金の現金支払額 ＝ 期首残高（　　　　　）円 ＋ 当期掛仕入（　　　　）円

　　　－ 期末残高（　　　　）円 ＝ （　　　　　）円となります。

第 5 章　キャッシュ・フロー計算書　53

キャッシュ・フロー計算書

営　業　収　入	（	）
商品の仕入れによる支出	（	）
キ ャ ッ シ ュ・フ ロ ー	（	）

― 関連トピック③　キャッシュ・フロー経営 ―

　本章では，利益とキャッシュ・フローの違いを学び，企業を取り巻く関係者にとって，キャッシュ・フロー情報には高い有用性があることを確認しました。キャッシュ・フローを重視する経営を「キャッシュ・フロー経営」と呼び，近年それが普及してきています。本コラムでは，なぜキャッシュ・フロー経営が，定着しているかについて考えてみたいと思います。

　キャッシュ・フロー経営が2000年代に入り注目されてきている背景には以下のようなことが考えられます。

　第1に銀行を取り巻く環境の変化があります。経済バブルが崩壊し，担保主義の見直しが迫られたことです。以前，土地価格は下がらないという「土地神話」がありましたが，バブル崩壊によってあっさりと崩れ去りました。銀行は，単に不動産があるという理由で，簡単に融資を行うことを控えるようになりました。1990年代後半の金融ビッグバンにより，銀行業界の競争が激化したこともあり，事業リスクに見合った金利設定の動きが強まりました。一方，銀行経営の悪化や，BIS規制による自己資本比率改善の必要性が高まり，銀行の融資基準や行内格付けの見直しが迫られるようになったのです。

　これらのことから，貸付金利が上昇したことや，銀行が融資に対して慎重な姿勢を示したため，企業は銀行からの資金調達が容易ではなくなったのです。資金ショートによる黒字倒産のリスクが高まり，キャッシュ・フロー重視の経営が求められるようになったのです。

　第2に，投資家を取り巻く環境変化を指摘することが可能です。投資活動や投資評価基準のグローバル化が進展し，キャッシュ・フローをベースとした投資評価が一般的になったのです。投資家の期待に応えるリターン確保の必要性からも，キャッシュ・フロー重視の経営が必須となってきたのです。

第6章 収益性分析

本章の学習事項

1. 財務諸表分析の意義・方法とは何か。
2. 収益性分析の手法（会社の稼ぐ力に関する分析）にどのようなものがあるか。

---

1 財務諸表分析（経営分析）

（1）財務諸表分析の意義

　会社を取り巻く各種の**利害関係者**（ステークホルダー：stakeholder）は，自らの意思決定を行うさいに，会社が公表する財務諸表（貸借対照表，損益計算書，キャッシュ・フロー計算書）を利用します。各種の利害関係者が，意思決定のために財務諸表を分析し，会社の経営成績や財政状態を分析することを**財務諸表分析**（経営分析）といいます。

図表6.1　財務諸表の利用者と利用目的

利 用 者	利 用 目 的
株式投資家	・会社の株式を買うべきか（売るべきか）どうか判断する
銀　　　行	・会社に融資するかどうか判断する ・融資するとしたら利息はどのぐらいにするかを判断する
経　営　者	・自社の経営はうまくいっているのかを判断する ・競争相手と比較する

（2）財務諸表分析の方法

① 実数分析と比率分析

　実数分析とは，財務諸表上の数値をそのまま使って分析する方法です。**比率分析**とは，財務諸表上の数値を比率化する方法です。財務諸表分析では，比率分析の方が多く使われます。たとえば，A社とB社について，下のような数値が得られたとします。

			A　社	B　社
①	利　益		1,500万円	1,500万円
②	元　手	(資本)	6,000万円	5,000万円
③	利益率	(①÷②)	25％	30％

　この場合に，利益額だけをみて「両社は同じ利益額である」と考えるのが実数法です。しかし，元手（はじめに用意したお金）はB社の方が少ないので，利益率という比率を用いると，B社の方が効率的に稼いだことがわかります。ただ，比率分析をする際にも実数に注意する必要があります。たとえば，「ある資格取得者が昨年の2倍になった」というとすごく増加した感じですが，実数は1人が2人になっただけということもあるからです。

② 定量分析と定性分析

　定量分析とは，数量や金額に関する分析で，数字で表すことができる項目の分析です（利益，売上高等）。**定性分析**とは，性質や特徴に関する分析で，数字で表すことが困難な項目の分析です（社長の能力，会社のイメージ等）。

③ 時系列分析とクロス・セクション分析

　時系列分析とは，ある会社の数値を過去の数値と比較する分析です。たとえば，A社について，1年前の数値と今年の数値を比較する分析です。

　クロス・セクション分析（横断的分析）とは，同時点においてある会社と他の会社を比較する分析です。たとえば，A社とB社の今年の利益や売上高を比

第6章 収益性分析 57

較する分析です。

2 収益性分析

　収益性分析とは，会社が投資したお金でいくらの利益を生み出したかを分析するもので，会社の稼ぐ力に関する分析です。収益性とは，「会社が投資した金額と利益の関係」であり，より少ない投資金額で，より多くの利益をあげる会社は，収益性が高いことになります。

$$
収益性 = \frac{利\quad益}{投資額\ (調達額)}
$$

（1）売上高利益率に関する指標

　利益には，売上総利益，営業利益，経常利益，当期純利益があることを学習しました（12ページを参照）。売上高に対するこれらの各利益の割合を「売上高○○利益率」といいます。これらの数値は大きいほうが収益性は高いことを意味します。

	計算式
売上高総利益率（％）	$= \dfrac{売上総利益}{売上高} \times 100$
売上高営業利益率（％）	$= \dfrac{営業利益}{売上高} \times 100$
売上高経常利益率（％）	$= \dfrac{経常利益}{売上高} \times 100$

（例）

売上高営業利益率5％の意味 ⇒ 商品を100円販売すると，営業利益が5円
（＝5％）残る

58

【練習問題１】

　セブン＆アイ・ホールディングスの数値（連結：百万円）から，①売上高総利益率，②売上高営業利益率，③売上高経常利益率を計算しなさい。小数点以下第２位を四捨五入すること（12.48 → 12.5）。

	平成28年度	平成29年度
売　　上　　高	4,892,133	4,646,370
売　上　総　利　益	1,088,164	1,044,331
営　業　利　益	352,320	364,573
経　常　利　益	350,165	364,405
①　売上高総利益率	％	％
②　売上高営業利益率	％	％
③　売上高経常利益率	％	％

【練習問題２】

　セブン＆アイ・ホールディングスの数値（連結：百万円）から，各事業の売上高営業利益率を計算しなさい。小数点以下第２位を四捨五入すること（12.48 → 12.5）。このような「事業ごと」の情報をセグメント情報といいます。

	コンビニ事業	スーパー事業	百貨店事業	フードサービス業
売　　上　　高	1,561,496	1,980,953	836,675	81,656
営　業　利　益	313,195	22,903	3,672	515
売上高営業利益率	％	％	％	％

関連トピック④　業種別売上高利益率

　本章「2　収益性分析」の（1）では，売上高利益率の考え方について学びました。この売上高利益率は，収益性分析の要となる指標ですが，本コラムでは，産業の違いにより，売上高利益率の違いがみられるのか，時代の変遷に伴い変化するものなのかについて，国の統計に基づき確認したいと思います。

　最初に「売上高経常利益率」に注目したいと思います。売上高経常利益率とは，売上高に対する経常利益の割合をいい，企業の収益性を図る尺度です。経常利益は企業本来の営業活動から得た営業利益に，財務活動における損益を加味したものであるため，この比率が高い場合，資産の売却損益などを除いた通常の経営活動における企業の収益力が高いと考えることができます。

　この売上高経常利益率を，年代別にみたものが図-1です。これによると，年代別に波があることがわかります。1990年代前半のバブル経済崩壊直後や2008年のリーマンショック時において数値が下落していることが特徴です。また，製造業と非製造業を比較した場合に，一貫して製造業が高い数値を示しています。

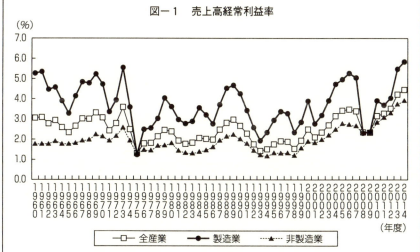

図-1　売上高経常利益率

（注）①　売上高経常利益率（％）＝（経常利益／売上高）×100
　　　②　全産業および非製造業は金融業，保険業を除く。
（出所）法人企業統計年報。

次に，経常利益率と営業利益率の差に注目したいと思います。経常利益率と営業利益率，借入金利子率（全産業・全規模）を年代別にみたのが図-2です。まず，経常利益率と営業利益率ともに石油ショック後，バブル経済崩壊後，リーマンショック後に急激に落ち込んでいることがわかります。また，経常利益と営業利益の差は主に金融収支（受取利息 － 支払利息）です。一般的には支払利息の方が大きいため，金融収支は赤字となって，営業利益に比べると経常利益は小さくなります。経常利益率と営業利益率においても同様のことがいえますが，その推移をみると，70年代半ば以降，両者の差が縮小傾向にあり，2000年前後からはほとんど一致し，05年度以降は逆転しています。これは，長期的には金利低下による支払利息の減少がありますが，バブル経済崩壊以降は企業の負債圧縮の影響も大きいと考えられます。

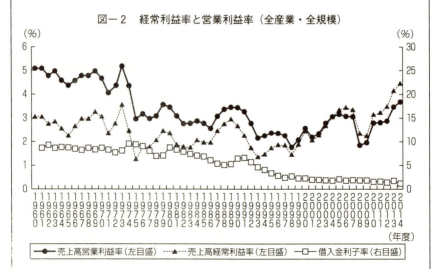

図-2　経常利益率と営業利益率（全産業・全規模）

凡例：──●── 売上高営業利益率（左目盛）　┈┈▲┈┈ 売上高経常利益率（左目盛）　──□── 借入金利子率（右目盛）

（注）① 売上高経常利益率（%）＝（経常利益／売上高）×100
　　　② 売上高営業利益率（%）＝（営業利益／売上高）×100
　　　③ 借入金利子率（%）＝{支払利息等／〔（短期・長期借入金）＋ 社債 ＋ 受取手形割引残高［期首・期末平均］〕}×100
（出所）法人企業統計年報。

第6章　収益性分析　61

（2）ROE（Return on Equity：自己資本純利益率）

【算式】

$$ROE(\%) = \frac{当期純利益}{自己資本} \times 100$$

【指標の意味と読み方】

　ROEは，株主に対する収益性を表すものであり，株主から調達した資金（自己資本といいます）をどれだけ効率的に運用したかを表す指標です。数値が大きいほうが収益性は高く，株主から調達した資金を効率よく利用していることを意味します。

　ROEが10％の意味 ⇒ 株主から100円集めて事業を行うと，当期純利益が10
　　　　　　　　　　 円（＝100円×10％）生じる。

【練習問題3】

　セブン＆アイ・ホールディングスの数値（連結：百万円）から，ROEを計算しなさい。小数点以下第2位を四捨五入すること（12.48 → 12.5）。

	平成28年度	平成29年度
当 期 純 利 益	168,681	110,822
自 己 資 本	2,505,182	2,475,806
Ｒ　Ｏ　Ｅ	％	％

（3）棚卸資産回転期間（在庫回転期間）

　棚卸資産とは，販売目的で保有する**商品・製品**などです。

　　　商　品 … 外部から購入して，そのまま販売するもの

　　　製　品 … 外部から原材料を購入して，自社で製造するもの

【算式】

$$棚卸資産回転期間（日）= \frac{棚卸資産}{売上原価} \times 365$$

【指標の意味と読み方】

棚卸資産回転期間は，棚卸資産を購入してから販売されるまでの平均的期間を測定する指標です。たとえば，「棚卸資産回転期間18日」というのは，「商品を購入してから売るまでに18日間かかった」ことを意味します。棚卸資産回転期間は，数値が小さいほど，効率よく販売されているので良いとされています。ただし，棚卸資産回転期間は販売される商品の特性が反映され，業種によって大きく異なるので注意する必要があります。

【注意点】

一般に，棚卸資産回転期間は短い方が良いのですが，実は，棚卸資産回転期間を短くするには，簡単な方法があります。それは，在庫を極端に少なくする，という方法です。

明海大学の前にあるファミリーマートで考えてみましょう。お弁当を毎日10個しか仕入れなければ，数時間（お昼時なら30分ぐらい）で販売することができ，棚卸資産回転期間は短くなります。しかし，目の前に大学生が何百人もいるのに，10個しか仕入れないのは，正しい経営でしょうか？

このように，極端に少なく仕入れると，「買いたい人がいるのに売ることができない」という状況が発生してしまいます。逆に，必要以上に多く仕入れると，売れなかった場合に廃棄する・在庫を置くための倉庫の保管料を支払うなど経営に悪い影響を与えます。

会社は，適正な在庫をもつことが望ましいのですが，これは経営上，実に難しい問題です。

【練習問題4】

　セブン＆アイ・ホールディングスの数値（連結：百万円）から，棚卸資産回転期間を計算しなさい。小数点以下第2位を四捨五入すること（12.48 → 12.5）。

第6章　収益性分析　63

	平成28年度	平成29年度
棚 卸 資 産	212,186	192,462
売 上 原 価	3,803,968	3,602,038
棚 卸 資 産 回 転 期 間	日	日

【練習問題5】

　不動産会社の業務内容を考え（商品が何日ぐらいで売れそうか），三井不動産の棚卸資産回転日数はどの程度になると思いますか。一番近いものを選びなさい。

（ア）300日　（イ）20日　（ウ）100日　（エ）50日

（4）売上債権回転期間

【算式】

$$売上債権回転期間 _{(日)} = \frac{売上債権}{売上高} \times 365$$

$$売上債権 = 受取手形 + 売掛金$$

【指標の意味と読み方】

　売上債権回転期間は，売上債権が効率的に回収されているかを判断する指標で，商品・製品を販売してから，代金を現金で回収するまでの平均的期間を表します。たとえば，「売上債権回転期間12日」というのは，「商品を販売してから，代金を現金で回収するまでの期間が12日」という意味です。この指標は，小さいほうが現金回収が早いことを意味するので優れています。

（5）仕入債務回転期間

【算式】

$$仕入債務回転期間 _{(日)} = \frac{仕入債務}{売上原価} \times 365$$

$$仕入債務 = 支払手形 + 買掛金$$

【指標の意味と読み方】

　代金の支払いは，（利息がとられなければ）遅ければ遅いほど良いといえます。仕入債務回転期間は，商品・製品を購入してから代金を支払うまでの平均的期間を表します。たとえば，「仕入債務回転期間12日」というのは，「商品を仕入れてから代金を支払うまでの期間が12日」という意味です。この指標は，大きいほうが現金支払いが遅いことを意味するので優れています。

┌─【練習問題6】────────────────────────────
│　セブン＆アイ・ホールディングスの数値（連結：百万円）から，①売上債権回転期間
│　と②仕入債務回転期間を計算しなさい。小数点以下第2位を四捨五入すること（12.48
│　→ 12.5）。
└──────────────────────────────────────

	平成28年度	平成29年度
売　　上　　高	4,892,133	4,646,370
売　上　原　価	3,803,968	3,602,038
売　上　債　権	354,554	347,838
仕　入　債　務	251,403	247,515
売上債権回転期間	日	日
仕入債務回転期間	日	日

第6章 収益性分析 65

― 関連トピック⑤　在庫管理の必要性 ―

　本章「2　収益性分析」の（3）では，棚卸資産回転期間の考え方について学びました。この指標は，仕入れた商品等をいかに管理するかという，経営上，重要な論点である在庫管理の問題と密接に関係しています。本コラムでは，この在庫管理の必要性について考えてみたいと思います。

　会社を経営するうえで，在庫のもち方は経営戦略上の重要な課題となります。在庫が過剰となれば売れ残りが生じてしまい，在庫を処分しなければなりません。そのことにより損失が発生します。それでは，在庫を少なくもつことが良いのかということになりますが，必ずしもそうとはいえません。在庫が切れてしまえば，売上を伸ばすことができなくなります。そのため，その企業にとって適切な在庫をもつことが重要であり，「在庫管理」が必要となる理由です。この在庫管理の留意点を示せば下記のとおりとなります。

・在庫に対する需要を分析すること。これは，過去の売行きを分析したり，販売先を分析してなるべく正確な予測をたてることが重要となります。

・物理的に品質が劣化して在庫の価値が減少することを，棚卸減耗といいます。棚卸減耗を少なくするための対策は，正確な需要の把握だけでなく，売れ残り・使い残しの起りそうな商品・材料を適時に把握し，早めの対策をとることが重要です。

・在庫の管理は帳簿上のみならず，現地確認も重要な手続きとなります。すなわち，実際に在庫のあるところに担当者が出向き，どの在庫がどれだけの数量があるかを実際に確かめます。このような作業を「実地棚卸」といい，数量の差異，品質の劣化などを確認します。

・在庫を多くもつと，追加的にかかる費用も大きくなることに留意しなければなりません。具体的には，在庫を仕入れることによってかかる金利，倉庫を借りることによってかかる賃借料，通信費，保険料，維持管理費用等です。

・発注方法も，在庫やコストに影響を与えることに留意する必要があります。在庫を早く発注すると，滞留期間が長くなりコスト増の原因となります。しかし，滞留期間を意識しすぎて，発注の頻度を多くすることは，逆に発注のための通信・手間・入庫に関する効率を下げて，在庫に関するコストを増大させる可能性があります。

第7章 安全性分析

本章の学習事項

1. 安全性分析の手法（会社の**資金繰り**に関する分析）とはどのようなものか。
2. 収益性と安全性の関係とは何か。

　会社経営上，「もうかった（利益が出た）」と「現金が増加した」はまったくの別物です。本章では，会社の安全性 ＝ 会社が倒産しないかどうかを分析します。安全性分析は，「負債 ＝ 借金を支払えるか」ということが中心です。

1　短期的な安全性分析

（1）流動比率
【算式】

$$流動比率（\%） = \frac{流動資産合計}{流動負債合計} \times 100$$

【指標の意味と読み方】

　基本的に**流動資産**は１年以内に現金化される資産で，**流動負債**は１年以内に支払う負債ですから，流動資産 ＞ 流動負債なら１年以内の支払いは問題ないはずです。このような分析に用いられるのが**流動比率**であり，短期的な安全性分析の代表的な指標です。流動比率は150％以上あれば一応安全と判断され，100％を下回ると危険信号です。

　流動比率120％の意味 ⇒ 流動資産が流動負債の120％（1.2倍）ある

（2）当座比率

【算式】

$$当座比率（\%） = \frac{当座資産合計}{流動負債合計} \times 100$$

当座資産合計 ＝ 現金預金 ＋ 受取手形および売掛金 ＋ 有価証券

【指標の意味と読み方】

　流動資産のなかでも，商品や製品は販売しないと現金になりません。これに対して，売掛金や受取手形の債権は期日が来ればお金になるし，有価証券（株式）は売却することが容易です。このように，流動資産には，現金化しやすいものとそうでないものがあります。

　このように特に現金化しやすい資産を**当座資産**といい，これと流動負債の比率を**当座比率**といいます。当座比率は100％以上あれば一応安全と判断されます。

　当座比率120％の意味 ⇒ 当座資産が流動負債の120％（1.2倍）ある

【練習問題1】

　セブン＆アイ・ホールディングスの数値（連結：百万円）から，①流動比率と②当座比率を計算しなさい。小数点以下第2位を四捨五入すること（12.48 → 12.5）。

	平成28年度	平成29年度
流　動　資　産	2,249,966	2,274,403
当　座　資　産	1,534,544	1,569,939
流　動　負　債	1,880,903	1,947,618
流　動　比　率	％	％
当　座　比　率	％	％

第7章 安全性分析 69

【練習問題2】

　次の資料は，2008年に倒産したA社の連結貸借対照表です。①流動比率と②当座比率を計算しなさい。小数点以下第2位を四捨五入すること（12.48 → 12.5）。

　セブン＆アイの数値と比較して，どのような特徴がありますか？

	平成18年度	平成19年度
流　動　資　産	397,761	556,301
当　座　資　産	69,271	51,483
流　動　負　債	201,646	248,473
流　動　比　率	％	％
当　座　比　率	％	％

平成18年度の当期純利益は30,039百万円，棚卸資産は293,001百万円
平成19年度の当期純利益は31,127百万円，棚卸資産は437,778百万円

2　長期的な安全性分析

（1）自己資本比率

【算式】

$$自己資本比率（\%）= \frac{自己資本（純資産合計）}{総資本（負債・純資産合計）} \times 100$$

【指標の意味と読み方】

　会社の資金調達の方法には，債権者から調達するか株主から調達するかしかありません。

　　　債権者から調達した資金（負債）→ 返済の義務がある。

　　　株主から調達した資金（純資産）→ 返済の義務はない。

　調達した資金のうち，どの程度を株主から調達したかを示すのが**自己資本比率**であり，この数字が大きいと安全性が高いと判断されます。

自己資本比率30％の意味 ⇒ 株主から調達した資金が30％，債権者から調達した資金が70％

（2）負債資本比率
【算式】

$$負債資本比率（％）＝\frac{負債}{自己資本（純資産合計）}×100$$

【指標の意味と読み方】
　<u>負債が，自己資本の何倍あるかを見る指標です。</u>~~この数字が小さいと安全性が高い~~と判断されます。

　負債資本比率120％の意味 ⇒ 負債が，自己資本の120％（1.2倍）ある。

（1）と（2）の図解

（1）自己資本比率 ＝ $\frac{②}{③}×100$　　　（2）負債資本比率 ＝ $\frac{①}{②}×100$

【練習問題3】
　セブン＆アイ・ホールディングスの数値（連結：百万円）から，自己資本比率と負債資本比率を計算しなさい。小数点以下第2位を四捨五入すること（12.48 → 12.5）。

	平成28年度	平成29年度
負　　　　　債	2,936,508	3,033,082
自　己　資　本	2,505,182	2,475,806
総　　資　　本	5,441,691	5,508,888
自 己 資 本 比 率	％	％
負 債 資 本 比 率	％	％

3 収益性と安全性

安全性があるかどうかを大きく左右する資産は現金預金です。では，会社は現金預金を多くもっているほうがいいのでしょうか。

安全性が高いということは現金預金がたくさんあるということであり，本来やらなければならない事業への投資をやっていない可能性があります。経営者の仕事は，資金を集めて，その資金を事業に投資し，売上や利益を増加させることです。

実は，「現金預金がたくさんある」ということは，安全性を重視するあまり，収益性を犠牲にしているのです。このように，**安全性と収益性は相反する面がある**のです。このバランスをうまくとるのも経営者の役目といえます。

一般的には，各資産の収益性と安全性は，次のようになります。このように，安全性が低い（＝リスクが大きい）資産の収益性は高くなる原理を**ハイリスク・ハイリターン**といいます。

資　　産	収益性	安全性
株　　　式	高	低
不　動　産		
債券（国債）		
預　　　金	低	高

┌─ 関連トピック⑥　自己資本利益率（ROE）の動向 ─────────

　本章「2　長期的な安全性分析」の（1）では，自己資本比率について学びました。この自己資本比率は，第6章で学んだ自己資本利益率（自己資本純利益率，ROE）と関連性があります。また，この自己資本利益率という用語は，ビジネスの現場でよく使われる言葉でもあります。本コラムでは，この自己資本利益率について，自己資本比率との違いを確認し，国の統計に基づき時代による変化をみてみたいと思います。

　図－1は自己資本利益率の推移，図－2・－3は自己資本利益率変動の要因を売上高利益率，総資本回転率，自己資本比率の逆数（財務レバレッジ*）に分解して見たものです。図－2は1962年度から毎年の変化要因を累積したもの，図－3は前年との差分を示したものです。

　自己資本利益率の変動要因に着目すると，売上高利益率が大きな低下要因となっており，総資本回転率も低下要因となっていますが，売上高利益率と比較して影響は小さくなっています。一方，財務レバレッジは自己資本利益率の上昇要因となっていますが，図－2の累積値は1980年代以降は減少に転じており，これは財務レバレッジの逆数である自己資本比率の推移を見てもわかります（同時期に自己資本比率は増加に転じています）。

　＊財務レバレッジとは，純資産（自己資本）の何倍の大きさの総資本を事業に投下しているかを示す数値であり，自己資本比率の逆数です。

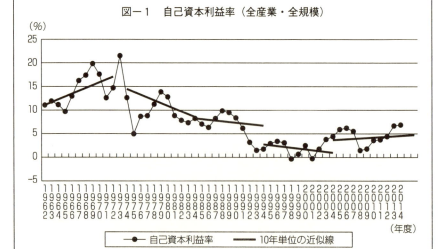

図－1　自己資本利益率（全産業・全規模）

（年度）

●— 自己資本利益率　　—— 10年単位の近似線

第 7 章　安全性分析　73

図−2　自己資本利益率の変動の要因分解

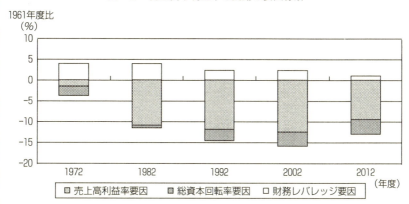

図−3　自己資本利益率の対前年度差の要因分解（全産業・全規模）

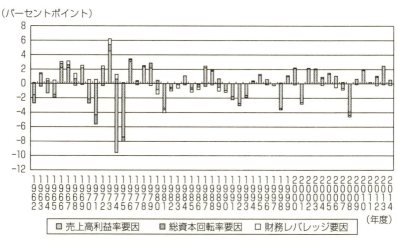

(注) [2006年度調査以前]　自己資本利益率（％）＝（当期純利益/純資産［期首・期末平均］）
× 100
[2007年度調査以降]　自己資本利益率（％）＝（当期純利益/（純資産−新株予約権）
［期首・期末平均］）
自己資本利益率の前年差を売上高利益率，総資本回転率，財務レバレッジに分解し，
1961年度を基準として累積した(図−1，図−2，図−3の出所は法人企業統計年報)。

第8章 損益分岐点分析

> **本章の学習事項**
> 1．変動費と固定費はどのように異なるか。
> 2．損益分岐点とは何か。

1 損益分岐点分析

（1）損益分岐点

損益分岐点とは会社の利益がゼロの点であり，そのときの売上高を**損益分岐点売上高**といいます。損益分岐点分析では，この損益分岐点売上高を求めたり，目標利益を達成するにはいくら販売しなければならないかを計算したりします。この分析は，費用（cost），売上（volume），利益（profit）の関係を見るので，**CVP分析**とも呼ばれます。損益分岐点分析は，会社の経営者が，短期的な経営計画として行うことが多いです。

（2）変動費と固定費

会社の費用は，**変動費**と**固定費**に分けられます。

変動費 … 売上数量とともに変動する費用であり，原材料が代表例です
（製品を1個作れば材料費は1個分，2個作れば材料費は2個分）。

固定費 … 売上数量に関係なく発生する費用であり，支払家賃や人件費が代表例です（製品を何個作って売ろうが，家賃は1か月分支払う）。

あるラーメン屋の1杯あたりの変動費は400円，固定費は5万円だとします。このとき，売上高・変動費・固定費・損益分岐点の関係を図にすると次の

ようになります。

① 売上高と変動費の関係　② 売上高と固定費の関係

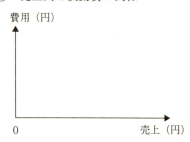 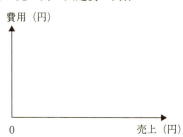

③ ①と②の合算

(3) 変動費比率と貢献利益率

売上高から変動費を引いた金額を**貢献利益**といいます。

$$売上高 - 変動費 = 貢献利益$$

$$\frac{変動費}{売上高} = 変動費率,\quad \frac{貢献利益}{売上高} = 貢献利益率$$

$$変動費率 + 貢献利益率 = 1\,(100\%)$$

$$損益分岐点売上高 = \frac{固定費}{貢献利益率} = \frac{固定費}{1-変動費率}$$

第8章　損益分岐点分析　77

【練習問題1】

次の問いに答えなさい。

① A社の貢献利益率は60%で，固定費は60,000円だとします。損益分岐点売上高は
いくらですか。

② 商品を1つ500円で販売したとすると，A社は①の売上高を達成するには何個販売
する必要がありますか。

	計算式	答
①		円
②		個

2　目標利益を達成する売上高を求める

今までは，利益がゼロになる売上高を求めてきましたが，会社は目標利益を
設定し，その利益を達成するにはいくら売らなければならないかを決めます。
目標利益を達成するための売上高は，次の計算式で求められます。

$$目標売上高 = \frac{固定費 + 目標利益}{貢献利益率} = \frac{固定費 + 目標利益}{1 - 変動費率}$$

【練習問題2】

次の問いに答えなさい。

① A社の固定費は50,000円，目標利益は30,000円，貢献利益率は40%です。目標売
上高はいくらですか。

② 商品を1つ500円で販売したとすると，A社は，①の目標を達成するにはいくつ販
売する必要がありますか。

	計算式	答
①		円
②		個

【練習問題3】

―1,000円の売上増加と固定費1,000円削減は同じ効果か？―

　1,000円の商品を今までより1個多く販売することと，人件費（固定費）を1,000円下げるのは，同じことでしょうか。「変動費率30％」として，順番に考えてみましょう。

	現　状	1,000円の売上増加	1,000円の人件費削減
①　売　上	10,000円	円	円
②　変動費（①×30％）	3,000円	円	円
③　固定費	5,000円	円	円
④　利益（①－②－③）	2,000円	円	円

この傾向は一般的です。つまり，（売上増加・人件費削減）の方が効果が大きいのです。

【練習問題4】

―安売りは，どのような影響があるのだろう―

　よく，コンビニがおむすびを安売りすることがありますよね。では，安売りしたときに，今までと同じ利益を確保しようとしたら，販売個数はどれぐらい増加させればよいのでしょうか。たとえば，100円のおむすびを20％値下げして80円で販売したら，販売個数は20％増加させればいいのでしょうか。以下，順番に考えてみましょう。

第8章　損益分岐点分析　79

	値下げ前	値下げ後
①　おむすび1個の販売価格	100円	80円
②　おむすび1個の変動費	40円	40円
③　固定費	3,000円	3,000円
④　目標利益	1,200円	1,200円
⑤　変動費率（②÷①）	％	％
⑥　貢献利益率（＝100％－⑤）	％	％
⑦　目標利益を達成する売上高（③+④）÷⑥	円	円
⑧　⑦を達成する販売個数（⑦÷①）	個	個

⑧を良く見てください。販売個数は，値下げ前に比べて何％増加しましたか。

この条件では，20％値下げした場合には，販売個数は（　　　　）％増加させなければなりません。このような傾向は一般的です。

3　経営安全額と経営安全率

損益分岐点売上高までは利益が出ません。これを応用して，現在の売上高がどのくらい下がったら損失（赤字）になるのかを判断できます。たとえば，現在の売上高が10億円で，損益分岐点の売上高が8億円の場合，この差の2億円のことを**経営安全額**といいます。これは，現在より売上高が2億円下がると利益がゼロになるという意味です。

経営安全額 ＝ 現在の売上高 － 損益分岐点売上高

経営安全額を％で表したものを**経営安全率**といいます。

$$経営安全率（％）＝ \frac{経営安全額}{現在の売上高} \times 100$$

この場合の経営安全率$＝\frac{2億円}{10億円} \times 100 ＝ 20％$となり，現在より売上高が20％下がると利益がゼロになるという意味です。

経営安全額や経営安全率は大きいほど、会社は安全です。これらの数値を高めるには、①固定費の削減、②変動費率を下げることが有効です。

【練習問題5】

A社の貢献利益率は20％、固定費は50,000円、現在の売上高は400,000円です。以下を計算しなさい。

	計算式	答え
損益分岐点売上高		円
経営安全額		円
経営安全率		％

関連トピック⑦　損益分岐点比率の動向

　本章では，損益分岐点分析について学びました。損益分岐点は産業や時代の違いによっても異なるものなのかどうかについて，国の統計に基づき確認したいと思います。

　図－1は，産業別，企業規模別の損益分岐点比率の推移を示しています。大企業に注目した場合，大半の年代において製造業が非製造業よりも下回っています。しかし，リーマンショック後は，製造業の損益分岐点比率が一時的に急上昇したことが観察され，製造業が受けた打撃が大きかったことがわかります。中小企業の損益分岐点比率は，大企業よりも高いことで一貫しています。また，製造業，非製造業の違いが稀薄であることが，大企業と異なっています。しかしながら，リーマンショック後の製造業の上昇は共通しています。

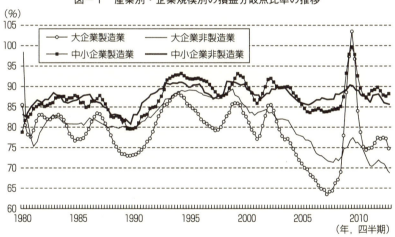

図－1　産業別・企業規模別の損益分岐点比率の推移

(注1)　損益分岐点売上高＝固定費÷(1－変動費率)，損益分岐点比率＝損益分岐点売上高÷売上高×100
(注2)　4四半期移動平均
(出所)　法人企業統計年報。

第9章 業務的意思決定

> **本章の学習事項**
> 1．自製と外部購入はどのように異なるか。
> 2．関連原価と無関連原価の違いは何か。

1 業務的意思決定

　業務的意思決定とは，現在の経営の物的，人的，財務的状況のもとで行われる意思決定です。つまり，会社の現在の基本構造がそのまま続くという前提のもとで行われる意思決定です。それゆえ，業務的意思決定に係わる期間は短期的です。

2 自製か外部購入かの意思決定

　自製か購入かの意思決定とは，製品を製造する上で必要な部品を自製するのと外部から購入するのでは，会社にとっていずれが有利かという問題です。
　変動費 … 売上数量に比例して発生する費用
　固定費 … 売上数量に関係なく一定額発生する費用

【例題1】 福島会社は部品を自製しているが，外部のメーカーから購入することを検討している。福島会社は現在，年間100個製造しており，部品100個の製造原価は次のとおりである。

　材料費（変動費）　　　　15,000円（1個あたり150円）

	その他の変動費	2,500円（1個あたり25円）
	労務費（固定費）	5,000円
	その他の固定費	10,000円　　　合計32,500円

ここでは，労務費は外部購入に切り替えても作業員を即座に解雇できない（他の部署に異動させる）ので固定費と考えてみる。

外部のメーカーは，100個の注文であれば25,000円で販売するという。現行の製造原価が32,500円であるのに対して，外部から25,000円で購入できるなら100個購入するに変更すべきであるように見えるが，はたしてどうだろうか。次の比較表を作成してみよう。

	100個自製する	100個購入する
材　料　費	15,000円	円
そ の 他 の 変 動 費	2,500円	円
労　務　費	5,000円	円
そ の 他 の 固 定 費	10,000円	円
外 部 購 入 代 金	円	円
合　　　　計	32,500円	円

この比較表の結果，（自製する・外部購入する）方が，原価が低いから有利であることがわかる。

比較表を見てみると，自製しようが外部購入しようが発生する原価とそうでない原価があるのがわかる。労務費（固定費）とその他の固定費は，どちらの案を採用しようが発生している。このような原価は，意思決定にとって無関係なので（両方に発生するのだから考慮する必要がない），無関連原価という。

これに対して，材料費（変動費）とその他の変動費は，外部購入すれば発生しない費用であり，どちらの案をとるかによって異なる費用である。したがって，これらの費用は意思決定に関係がある（考慮しなければならない）ので，関連原価という。意思決定するときは，関連原価のみを考えればいいのである。

ここまでは，数字を使った定量分析であったが，次のような定性的要因も考慮して最終的決断を下す必要がある。

① 外部購入にした場合，期日どおりに納品されるのか？

　　⇒ 外部からの納品が遅れる ⇒ 当社の製造が遅れ，販売先への納品が遅れる ⇒ 当社

第 9 章　業務的意思決定　85

　の信用が落ちる。
②　外部からいつでも同じ価格で購入できるのか？
　　⇒　相手がいきなり価格を上げる可能性もある。

【練習問題 1 】

　当社は部品を製造しています。その生産量は年間500個で，500個の製造原価は次の
とおりです。部品の原価が上昇してきたので，外部購入にするかどうかを検討していま
す。以下の条件が得られたとき，この提案に対する回答を示しなさい。

　材料費（変動費）　250,000円
　労務費（固定費）　150,000円
　その他の変動費　　100,000円
　その他の固定費　　 60,000円　　　合計560,000円
● 外部購入すると，労務費は今より50,000円減少する。
● 外部購入すると，その他の固定費は今より20,000円減少する。
● 外部購入すると，部品の購入代金300,000円と輸送費30,000円がかかる。

	自製する場合	外部購入する場合
材　　料　　費	250,000円	円
労　　務　　費	150,000円	円
その他の変動費	100,000円	円
その他の固定費	60,000円	円
外　部　購　入　代	0円	円
輸　　送　　費	0円	円
原　価　合　計	560,000円	円

　外部購入すると，原価が（　　　　　　　）円（増加・減少）するので，外部購入（す
べきである・すべきではない）。

3 資源の制約がある場合の意思決定

ある会社が3種類の製品を製造しており，3種類とも利益が生じているのであれば，3種類とも製造するのが望ましいです。しかし，製造のために稼動させる機械時間などに制約がある場合は，どの製品を優先的に製造すればよいかという問題が生じます。ここでは，資源に制約がある場合の意思決定を学習します。

【例題2】 福島会社は，3つの製品A，B，Cの生産計画を考えている。これらの製品の情報は次の通りである。なお，機械は，最大で3,600時間しか利用できない。

	A製品	B製品	C製品
1個あたり販売価格	60円	40円	50円
1個あたり変動費	36円	20円	38円
1個あたり利益	24円	20円	12円
需要量	200個	200個	200個
1個製造するのに必要な機械時間	12時間	5時間	4時間

3つの製品とも利益が出ているので，需要量まで製造するのが望ましい。しかし，3つの製品を需要量まで製造すると，機械はA製品を作るのに2,400時間（＝200個×12時間）＋B製品を作るのに1,000時間（＝200個×5時間）＋C製品を作るのに800時間（＝200個×4時間），つまり合計4,200時間稼動させることになる。しかし，利用できる機械時間は3,600時間なので，全部を需要量分だけ製造することはできないので，どの製品から製造すべきかを決めなくてはいけない。

1個あたり利益で比べるとA製品 ⇒ B製品 ⇒ C製品の順番であるが，この優先順位でいいのであろうか？ A製品を1個作るのには12時間かかる，12時間あればC製品は3個作れる。A製品1個だと利益は24円，C製品3個なら利益は36円（12円×3個）だから，C製品の製造が優先されるはずである。

このような場合，制約条件が機械時間なので，「機械を1時間稼動させた場合の利益」が高い順に製造すると利益が最大になる。

第9章 業務的意思決定　87

A製品：24円 ÷ 12時間 ＝ 2円
B製品：
C製品：

　この結果，製造の優先順位は　　　⇒　　　⇒　　　となる。この優先順位に従って製造すると，次のようになる。

生　産　量	使用機械時間	利　益　額	使用可能機械残り時間
製品（　）：（　　　）個	時間	円	時間
製品（　）：（　　　）個	時間	円	時間
製品（　）：（　　　）個	時間	円	時間
合　　計	時間	円	

【練習問題2】

　明海株式会社は，3つの製品A，B，Cの生産計画を考えています。これらの製品の情報は次のとおりです。なお，機械は，最大で7,550時間しか利用できません。

	製品A	製品B	製品C
1個あたり販売価格	180円	210円	260円
1個あたり変動費	100円	120円	140円
1個あたり利益	80円	90円	120円
需要量	500個	600個	550個
1個製造するのに必要な機械時間	3時間	6時間	5時間

機械1時間あたりの利益
A製品：
B製品：
C製品：

　製造の優先順位は　　　⇒　　　⇒　　　となり，この優先順位に従って製造すると，次のようになります。

生　産　量	使用機械時間	利　益　額	使用可能機械残り時間
製品（　）：（　　　）個	時間	円	時間
製品（　）：（　　　）個	時間	円	時間
製品（　）：（　　　）個	時間	円	時間
合　　計	時間	円	

関連トピック⑧　アンゾフの意思決定論

　本章で学んだ「業務的意思決定」の組織上の位置づけについて，アメリカの経営学者であるアンゾフの学説に基づき考えてみたいと思います。

　組織階層は一般にトップマネジメント，ミドルマネジメント，ロアーマネジメントの3つの階層に分けられます。

トップマネジメント
　　いわゆる経営者です。役員全体を指すこともありますが，一般的には執行役員は含めません。企業全体の総合・全般管理を担当します。
ミドルマネジメント
　　部長・課長などです。中間管理者ともいいます。担当する部門の管理を担当します。
ロアーマネジメント
　　係長，職長などです。最近ではグループリーダーなどの呼称が用いられています。現在では一般社員も含まれることが多く，現場での管理を担当します。

　アンゾフは，上記に基づき，意思決定を戦略的意思決定，管理的意思決定，業務的意思決定の3つの階層に区分しました。

戦略的意思決定
　　主にトップマネジメントが行う意思決定です。企業合併や新分野進出など，企業全体に関わる重要な問題が対象になります。これらの問題は，繰り返されることが少なく参考にするべきマニュアルもなく，成功すれば大きな効果がありますが，失敗

第 9 章　業務的意思決定　89

すると多大な損害になるというハイリスクな問題なのが特徴です。

管理的意思決定

　主にミドルマネジメントが行う意思決定です。トップマネジメントが設定した全社的で基本的な政策を受けて，自分が担当する部門においてそれを実現させるために，組織の編成をして目標を与えて実行させること，資材の調達方法や製品の販売方法などを考えることなどの意思決定です。戦術レベルの意思決定だともいえます。この特徴は，戦略的意思決定と業務的意思決定の中間になります。

業務的意思決定

　主にロアーマネジメントが行う意思決定です。与えられた目標や業務の仕方を前提として，スケジュールの決定や資材調達量の決定など，実際の業務を遂行するための問題を対象にします。戦闘レベルの意思決定だともいえます。日常的に繰り返される（定例的）ことが多く，決定する方法も決まっている（定型的）ことが多いのが特徴です。

（出所）小暮仁ホームページ

　　　　http://www.kogures.com/hitoshi/webtext/kj1-ishikettei-ansoff/index.html

第10章　設備投資の意思決定

> **本章の学習事項**
> 1．時間価値の概念とは何か。
> 2．正味現在価値法とは何か。

　投資とは，将来の相当長期間にわたる経済的効果（利益）を期待して，現在，資金を投入することです。具体的には，新機械の導入・工場の拡張・新店舗の設置などです。投資は一度行われると，長期間にわたって会社活動を拘束するので，これを取り消すことは難しいことが多いです。また，金額も多額であるため，投資の意思決定は慎重に行う必要があります。本章では，キャッシュ・フロー（現金収支）の観点から，会社が投資をするかしないかをどのように判断するのかを学習します。現金収入を**キャッシュ・インフロー**，現金支出を**キャッシュ・アウトフロー**といいます。

1　回収期間法

　回収期間法とは，投資額を何年で回収できるかを求め，それが会社が定めた回収期間より短いかどうかで投資案を評価する方法です。

【例題 1】 明海株式会社では 3 つの投資案 A, B, C が提案されており, 現時点での投資額
と毎年のキャッシュ・インフローは, 次のとおりである (単位は万円)。

	現 在	1 年後	2 年後	3 年後	4 年後	5 年後
A 案	−120	+60	+70	+50		
B 案	−120	+60	+65	+40		
C 案	−120	+40	+45	+45	+30	+30

　このとき, A 案は投資額 120 万円を回収するのに 2 年かかるので, 回収期間は 2 年となる。
同じように考えると, B 案の回収期間は (　　) 年, C 案の回収期間は (　　) 年となる。
もし, 明海株式会社が「回収期間 2 年以内の投資案だけ採用する」という方針を立てたとす
ると, 採用されるのは, (A・B・C) 案になる。

（1）回収期間法の長所

① 計算が簡単である。

（2）回収期間法の短所

① 投資を回収した後のキャッシュ・フローは無視している。回収期間は同じ
　　でも, その後のキャッシュ・フローが異なれば, 収益性は異なるはずなの
　　に, この差が分からない。たとえば, B 案の 3 年後のキャッシュ・フロ
　　ー, C 案の 4 年後, 5 年後のキャッシュ・フローは無視されて, 意思決定
　　されている。

② 貨幣の時間価値 (後で説明する) を考慮していない。

2　正味現在価値法

（1）金利の種類

　金利は, 預けたお金に何％の利息がつくか (借りたお金に何％の利息を支払うか)
ということです。1 年あたりの金利を年利といいます。最初に銀行に預けたお
金を元本 (元金), 元本と利息 (利子) を合わせて元利といいます。利息の計算

第10章　設備投資の意思決定　93

の仕方には**単利**と**複利**の2つがあります。今，年利10％で銀行に100万円預けた場合を比較してみましょう。

	現　在	1年後	2年後
①　単　利	100万円		
②　複　利	100万円		

複利が一般的ですので，これからは複利で説明していきます。

　この図からわかるように，今の100万円は，1年後に110万円になります。つまり，今の100万円は1年後の110万円と同じ価値があるということです。逆に言えば，現在の100万円と1年後の100万円は同じ価値ではないことになります。このように，お金は時間とともに利息分増加します。**貨幣の時間価値**とは，現在の100万円と1年後の100万円は同じ価値ではないという考えです。

（2）現在価値と将来価値
　将来価値とは，現在の投資が将来の一時点までにどの程度の価値になるかを示したものです。たとえば，上の図でみると，次のように価値が増加していきます。

現　在	×1.1	1年後	×1.1	2年後
100万円	⟶	110万円	⟶	121万円

　このことから，以下の関係があることがわかります。

$$将来価値 ＝ 現在価値 ×（1 ＋金利）^{年数}$$

　現在価値とは，将来の価値を一定の**割引率**（現在の価値に割り戻すための利率：最初は「金利」と同じと考えていいです）で除して現在時点まで割り戻した価値です。

たとえば，割引率が年10％のとき，1年後の110万円の現在価値は100万円（＝110万円 ÷ 1.1）であり，2年後の121万円の現在価値は100万円（＝110万円 ÷ 1.1^2）となります。このことから，以下の関係があることがわかります。将来価値を現在価値にすることを**割り引く**といいます。

$$現在価値 = \frac{将来価値}{(1 + 割引率)^{年数}}$$

将来のキャッシュ・フローと割引率を使って資産の現在価値を求めることができます。この方法を割引キャッシュ・フロー法（discounted cash flow：DCF）といいます。

たとえば，ある資産からは，1年後に400万円，2年後に500万円のキャッシュ・フローがあると予測されたとします。割引率を4％とすると，この資産の現在価値は $\dfrac{400万円}{1.04} + \dfrac{500万円}{1.04^2} = 8{,}468{,}935$ 円となります。

	現　　在	1 年 後	2 年 後
		400万円	500万円
	3,846,154 ←	÷1.04 ─┘	
	4,622,781 ←	÷1.04÷1.04 ─────	
現在価値	8,468,935		

【練習問題1】

① 年利2％の複利で200万円を3年間預けた場合，3年後の元利合計額を求めなさい。

② 2年後に子供の入学費用50万円が必要です。今いくら銀行に預ければ，2年後に50万円になりますか。割引率は4％としてください（1円未満は四捨五入する）。

③ ある不動産を保有すると，1年後に630万円，2年後に882万円のキャッシュ・インフローがある場合，割引率を5％とすると，この不動産の現在価値はいくらですか。

	計算式	答え
①		円
②		円
③		万円

(3) 正味現在価値法による投資案の分析

【例題2】 明海会社が新たな計画をしている。この計画を実行するには，新しい設備を購入するため，950万円払う必要がある。しかし，計画を実行すると1年後に440万円，2年後に605万円の現金（キャッシュ・インフロー）が必ず会社に入ってくる。割引率が10%のとき，会社はこの計画を実行すべきであろうか，やめるべきであろうか。

このようなことを判断する際には，現在価値計算が使われる。段階を追って，この計画をすべきかやめるべきかの判断をしてみよう。ポイントは，現金収入（キャッシュ・インフロー）も現金支出（キャッシュ・アウトフロー）もすべて現在価値で考える，つまり時点をそろえるということである。

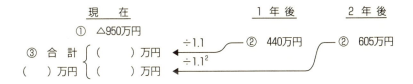

正味現在価値（net present value：NPV）を求める

NPV＝キャッシュ・インフローの現在価値③ － キャッシュ・アウトフローの現在価値①
　　＝（　　　　）万円である。

　　正味現在価値がプラス　⇒　投資は実行すべき
　　正味現在価値がマイナス ⇒　投資はやめるべき

したがって，この計画は（実行すべき，やめるべき）である。

【練習問題2】

ある投資計画を行うと,新機械購入のため900万円を支払いますが,1年後に480万円,2年後に864万円の現金がもたらされると予想されました。割引率が20%のとき,この計画は行うべきか,正味現在価値を用いて判断しなさい。

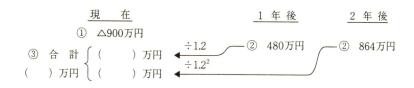

NPV = ③ − ① = (　　　　)万円なので,この計画は(実行すべき,やめるべき)。

─ 関連トピック⑨　不動産評価とDCF法 ─

本章「2　正味現在価値法」の(2)においてDCF法について学びました。このDCF法は,不動産評価の収益還元法に応用されています。本コラムでは,DCF法を不動産評価に応用する場合の基本的考え方をみます。具体的には,年間収入から必要諸経費を差し引き,純収益を求める方法をみます。

収益不動産の運用から年ごとに生み出されるキャッシュ・フローは,基本的に,収益から費用を控除して得られます。通常,予測は年単位で行われ,キャッシュ・フローは各年末に収受されると仮定されます。ここで不動産投資にかかる主な収益と費用を,参考までに示せば以下のとおりとなります。

1．主な収益
・貸室賃料収入：対象不動産の全部または貸室部分について賃貸または運営委託をすることにより経常的に得られる収入
・共益費収入：対象不動産の維持管理・運営において経常的に要する費用(電気・水道・ガス・地域冷暖房熱源等に要する費用を含む)のうち,共用部分に係るものとして賃借人との契約により徴収する収入
・水道光熱費収入：対象不動産の運営において電気・水道・ガス・地域冷暖房熱源等に要する費用のうち,貸室部分に係るものとして賃借人との契約により徴収する収入

第10章　設備投資の意思決定　97

・駐車場収入：対象不動産に附属する駐車場をテナント等に賃貸することによって得られる収入および駐車場を時間貸しすることによって得られる収入
・その他収入：その他看板，アンテナ，自動販売機等の施設設置料，礼金・更新料等の返還を要しない一時金等の収入

2．主な費用

・維持管理費：建物・設備管理，保安警備，清掃等対象不動産の維持・管理のために経常的に要する費用
・水道光熱費：対象不動産の運営において電気・水道・ガス・地域冷暖房熱源等に要する費用
・修繕費：対象不動産に係る建物，設備等の修理，改良等のために支出した金額のうち当該建物，設備等の通常の維持管理のため，または一部が毀損した建物，設備等につきその原状を回復するために経常的に要する費用
・プロパティマネジメントフィー：対象不動産の管理業務に係る経費
・テナント募集費用等：新規テナントの募集に際して行われる仲介業務や広告宣伝等に要する費用およびテナントの賃貸借契約の更新や再契約業務に要する費用等
・公租公課：固定資産税，都市計画税
・損害保険料：対象不動産および付属設備に係る火災保険，対象不動産の欠陥や管理上の事故による第三者等の損害を担保する賠償責任保険等の料金
・その他費用：その他支払地代，道路占用使用料等の費用

第11章　原価計算の基礎知識

本章の学習事項

1．製造原価の分類を考える。
2．個別原価計算と総合原価計算の違いは何か。

　あなたは，自社で家具を製造する工場を経営することになりました。200円
かけて製造した家具（原価200円）を800円で販売すれば利益は600円です。製
造業の会社では，利益を計算するために製品（ここでは家具）の原価を計算する
必要があります。ここでは，一般的な製造業の原価計算について学習してみま
しょう。

1　製造原価の分類

（1）形態別分類

① **材料費** … 製品を製造するために使われた材料代。

② **労務費** … 製品を製造する従業員に対して支払われる賃金。

③ **経　費** … 材料費と労務費以外のすべての原価。水道，電気，ガス代など。

（2）製品との関連による分類

① **製造直接費** … 製品1個あたりに使用した金額が**直接計算**できる原価のこ
　　　　　　　　　と。机を製造する場合，1台あたりに使用する木材の量は
　　　　　　　　　決まっているので，直接費になります。

② **製造間接費** … 製品1個あたりに使用した金額が**直接計算**できない原価の

100

こと。机といすを製造する場合，工場の電気代1か月分は
わかります。しかし，机1台あたりいくら電気代がかかっ
たのかは直接わかりません。
　材料を購入してから完成品ができるまでの流れは次のようになります。

材料費・労務費・経費 ⇒ 仕掛品(しかかりひん)(作りかけ) ⇒ 完成品

2　個別原価計算

　個別原価計算とは，お客の注文に応じて特定の製品を個別に生産する製造業
で行われます。船舶，特殊機械，住宅業で適用されることが多いです。
　製造直接費 … それぞれの製品の製造原価です。
　製造間接費 … すべての製品に共通してかかった費用なので，「何かの基準」
　　　　　　　を使って各製品に割り振ります。

【**例題1**】　次の資料をもとに各製品の1個あたりの原価を計算しなさい。なお，製造間接
費は，A製品：B製品：C製品＝3：1：2に配分することとする。

	当月の生産個数	直接材料費	直接労務費	直接経費	製造間接費
A製品	300個	240,000円	200,000円	70,000円	
B製品	100個	80,000円	100,000円	40,000円	120,000円
C製品	200個	160,000円	240,000円	50,000円	

［手順①］製造間接費をA製品，B製品，C製品に割り振る
A製品：
B製品：
C製品：
［手順②］各製品の原価を合計し，生産個数で割る
A製品：(　　　　　＋　　　　　＋　　　　　＋　　　　　)÷(　　　)個＝(　　　　)円
B製品：(　　　　　＋　　　　　＋　　　　　＋　　　　　)÷(　　　)個＝(　　　　)円
C製品：(　　　　　＋　　　　　＋　　　　　＋　　　　　)÷(　　　)個＝(　　　　)円

第11章　原価計算の基礎知識　101

3　総合原価計算

　個別原価計算では，各製品の原価を求めてきました。しかし，大量生産している製品は，1個ずつ原価を把握するのは面倒です。それよりも，1か月間で100個作って8,000円の原価がかかったなら，1個の原価は80円というように計算したほうが楽です。このように大量生産している場合に用いられるのが総合原価計算です。

　製造工程の最初の点を**始点**，完成品が製造される点を**終点**といいます。工程における加工の進み具合を**進捗度**といいます。進捗度30％（0.3）とは，製造工程のうち30％まで進んだことを表しています。総合原価計算では，原価を**材料費**と**加工費**に分けて計算します。

材料費 … 直接材料費
加工費 … 間接材料費・直接労務費・直接経費・間接労務費・間接経費

　たとえば，机を製造する場合，材料の木材は最初に用意します。これを加工するために雇った人の労務費や製造機械の水道光熱費などは，加工が進むにつれて発生します。

① 　材料費：通常，製造工程の始点で投入される。
② 　加工費：加工の進捗に応じて順次投入される。

（1）当月投入量がすべて完成した場合
　当月に製品として作り始めた数量（**当月投入量**という）がすべて完成した場合，完成品の**単位原価**（1個あたりの製造原価）は，次の式で計算できます。

$$完成品単位原価 ＝ 製造原価 ÷ 完成品数量$$

【例題2】 A製品の当月の生産データ・原価データは次のとおりである。A製品の完成品単位原価を求めなさい。

1．生産データ
当 月 投 入 　1,200個
完　成　品　　1,200個

2．原価データ
材　料　費　　420,000円
加　工　費　　348,000円
計　　　　　　768,000円

（2）月末仕掛品がある場合

製造工程に投入したものすべてが当月中に完成品になるとは限りません。ここでは，月末に仕掛品がある場合（つまり，作りかけがある場合）の製造原価の計算方法を学習します。まず，下の図を見てください。

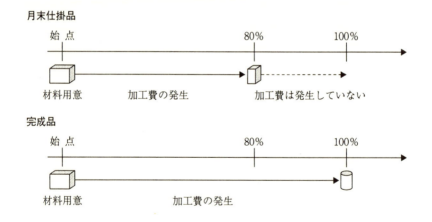

この図からわかるように，材料費は始点で投入しているので，仕掛品も完成品も同じように使っています。一方，仕掛品の加工費は完成品の加工費の80%になっています。つまり，月末仕掛品は途中までしか加工していないのだから，仕掛品の加工費原価は完成品の加工費原価より小さくなるはずです。

そこで，加工費を仕掛品に配分するときは，完成品何個分に相当するか（完成品換算量）に直して配分計算を行います。たとえば，進捗度が80%の仕掛品

第11章 原価計算の基礎知識　103

5個の原価は，完成品（100％）の4個の原価と同じになると考えるわけです。

月末仕掛品の完成品換算量 ＝ 仕掛品数量 × 進捗度

【例題3】 次の資料に基づき，（1）月末仕掛品原価，（2）完成品総合原価，（3）完成品単位原価を求めなさい。材料は工程の始点で投入している。（　）内は加工進捗度である。

1．生産データ

当月投入	1,200個
月末仕掛品	200個（80％）
完成品	1,000個

2．原価データ

材　料　費	420,000円
加　工　費	348,000円
計	768,000円

【計算用紙】

仕掛品（材料費）

| 当　月　投　入 個 円 | 完　成　品 個 円 |
| | 月末仕掛品 個 円 |

仕掛品（加工費）

| 当　月　投　入 個 円 | 完　成　品 個 円 |
| | 月末仕掛品 個 円 |

（1）月末仕掛品原価	（2）完成品総合原価	（3）完成品単位原価
円	円	円

【練習問題1】

　次の資料に基づき，（1）月末仕掛品原価，（2）完成品総合原価，（3）完成品単位原価を求めなさい。材料は工程の始点で投入している。（　）内は加工進捗度である。

1．生産データ

当月投入	2,400個
月末仕掛品	400個（60％）
完成品	2,000個

2．原価データ

材　料　費	408,000円
加　工　費	403,200円
計	811,200円

【計算用紙】

仕掛品（材料費）

| 当　月　投　入
個
円 | 完　成　品
個
円 |
| | 月　末　仕　掛　品
個
円 |

仕掛品（加工費）

| 当　月　投　入
個
円 | 完　成　品
個
円 |
| | 月　末　仕　掛　品
個
円 |

（1）月末仕掛品原価	（2）完成品総合原価	（3）完成品単位原価
円	円	円

第12章 株式投資・不動産投資の基礎知識

> **本章の学習事項**
> 1. 株式投資や不動産投資の基礎用語を学ぶ。
> 2. 「ポートフォリオ」と「リスク」の考え方を学ぶ。

1 株式投資の基礎知識

（1）株主の権利

1ページで説明したように，株式会社は株式を発行して，企業経営に必要な資金を調達します。株式を保有している人を株主といいます。

株主には，以下のような「権利」があります。

① 経営参加権

株主総会に出席して，会社の議案について**議決権**（賛成や反対をする権利）を行使することを通じて，間接的に企業経営に参加できる権利です。

② 配当請求権

配当（利益の一部を株主に還元したもの）を請求できる権利です。

③ 残余財産分配請求権

会社が解散した場合，負債を返済して，それでも財産が余る場合，株主はその持ち株数に応じて残った財産を受け取ることができるという権利です。

【具体例①】 A社が解散する際に，財産が1,000万円，負債が900万円あります。株主が2人いる場合，株主は残余財産を1人あたり（　　　）万円もらえます。

【具体例②】 B社が解散する際に，財産が1,000万円，負債が1,600万円あります。株主が2人いる場合，株主は残余財産を1人あたり（　　　）万円もらえます。

（2）株式の取引
① 売買の方法

取引所での株式売買は，**単元株**の整数倍で行われます。単元株とは，売買や議決権の単位のことです。たとえば，A社の単元が1,000株だとすると，A社株式を買いたい人は，1,000株，2,000株…は買えますが，2,400株買うことはできません。株主は，1単元ごとに1個の議決権をもつので，A社の株式を6,000株もっている福島さんの議決権は（　　　）個になります。

② 注文の方法

指値（さしね）注文 … 売買価格を<u>指定する</u>注文（○○社の株式を××円以下で買いたい・××円以上で売りたい）

成行（なりゆき）注文 … 売買価格を<u>指定しない</u>注文（いくらでもいいので○○社の株式を買いたい・売りたい）

【価格優先の原則】
売り注文の場合 … より<u>低い</u>価格の注文が優先される
買い注文の場合 … より<u>高い</u>価格の注文が優先される。

第12章　株式投資・不動産投資の基礎知識　107

③　売買高（出来高）

売買が成立した株数のことで，取引の活発さを表します。ある株式において，売り1,000株と買い1,000株の取引が成立した場合の売買高は1,000株と表します。

（3）株価指数

株価指数は，株式の相場の状況を示すために，数値化したものです。これらの数値が大きければ，相場が良い（＝株価が高い＝景気がいい）と判断されます。

①　日経平均株価

東京証券取引所（東証）1部上場銘柄のうち，代表的な225銘柄の株価の平均値です。

③　東証株価指数（TOPIX）

東京証券取引所（東証）1部上場全銘柄について，基準時点（1968年1月4日）を100として，その日の**時価総額（加重平均）**の大きさを表しています。

【練習問題1】

FP3級の問題

（1）次の文章の正誤を判定しなさい。

1．価格優先の原則とは，売り注文の場合は値段の低い方の注文が優先され，買い注文の場合は値段の高い注文が優先されて取引が行われるという原則である。

2．同一銘柄の株式において，買い注文1,000株と売り注文1,000株の売買が成立すると，売買高は2,000株となる。

（2）次の（　）に入るものを①～③から選びなさい。

1．証券取引所で売買が成立した株式の数を売買高（出来高）といい，同一銘柄において売り4,000株と買い4,000株の取引が成立すると，出来高は（　）株と表される。

　　①　4,000　　　②　8,000　　　③　1

2．株価指標のうち，（　　）は東京証券取引所市場第一部上場銘柄のうち代表的な225銘柄の株価を平均し，かつ連続性を失わないように計算されたものである。
　　　①　日経平均株価　　　②　時価総額指数　　　③　東証株価指数（TOPIX）

3．（　）は，東京証券取引所市場第一部に上場している国内普通株式の全銘柄を対象とした，時価総額加重型の株価指数である。
　　　①　東証マザーズ指数　　②　TOPIX（東証株価指数）　③　日経平均株価

（4）株式の投資尺度

　どの株式に投資するべきかを判断するための指標としては，次のようなものがあります。

①　PER（株価収益率）

$$\text{PER（倍）} = \text{株価} \div \text{1株あたり純利益}$$

　同業他社と比較して，PERが高いほどその会社の株価が**割高**，低いほど**割安**と判断されます。

　　　　　割高 … 売った方が得　　　　　割安 … 買った方が得

②　PBR（株価純資産倍率）

$$\text{PBR（倍）} = \text{株価} \div \text{1株あたり純資産}$$

　会社のPBRが1倍に近づく（低い）ほど，株価は**割安**と判断されます。

③　配当利回り

$$\text{配当利回り（\%）} = \text{1株あたり配当金} \div \text{株価} \times 100$$

　投資額（株価）に対して，1年間で受け取れる配当の割合です。

第12章 株式投資・不動産投資の基礎知識 109

【練習問題2】

FP3級の問題

1．株価を1株当たり利益で除して算出される指標は，（　）である。

　　①　自己資本利益率（ROE）　　②　株価収益率（PER）

　　③　株価純資産倍率（PBR）

2．株価収益率（PER）は，（　）を1株当たり純利益で除することで求められる。

　　①　時価総額　　②　株価　　③　1株当たり純資産

3．ある企業の株価・配当金・純利益が下記のとおりである場合，この株式の配当利回りは（①）％，株価収益率（PER）は（②）倍と計算できる。

　　株価800円　　1株当たりの配当金30円　　1株当たりの純利益50円

　　（1）①　10　　②　4　　（2）①　3.75　　②　16　　（3）①　6.25　　②　8

4．下記の資料からA社の株価純資産倍率（PBR）を求めると（　）になる。

　　発行済み株式数　500株　　純資産　400,000円　　株価　1,000円

　　①　0.8倍　　②　1.25倍　　③　10倍

2　ポートフォリオ理論

みなさんは，次の2つの株式投資のどちらを選択しますか。

①　トヨタ自動車の株式を100万円購入する

②　トヨタ自動車の株式50万円と，任天堂の株式50万円を購入する

①の場合，トヨタが好調なら株価が上昇して利益が拡大しますが，トヨタが不調なら株価が下落して損失が直撃します。

②の場合，業種が異なるので，どちらかの株価が下落しても，どちらかが上昇すれば，損失を回避することができます。

つまり，1社の株式だけを買うというのは，「儲かるときは大きく儲かる，損するときは大きく損する」ことになります。ここで，ポートフォリオ理論とは，いろいろな値動きをする資産に「分散投資」することにより，リスクを減らしつつ，収益率は維持するという考え方です。

ここでは，2社の株式を買う場合を考えてみましょう。2銘柄がなるべく異

なる動きをする方がリスクを減らすことができます。どの程度，同じ値動きをするかは**相関係数**で表します。相関係数は－1から1までの範囲を取ります。

相関係数が1 … 2銘柄が完全に同じ動きをする。リスク軽減効果は（最大・最小）

相関係数が－1 … 2銘柄が完全に反対の動きをする。リスク軽減効果は（最大・最小）

3　不動産投資の基礎知識：レバレッジ

不動産投資の**利回り**（利益÷投資額，収益性を表す）を高めるために，よく利用されるのがレバレッジ（leverage：「梃子」のこと）です。この原理を簡単に言うと，「自分のお金だけで投資するよりも，借金をうまく組み合わせて投資した方が，より高い投資利回り（収益性）を得られる場合がある」と説明できます。

A社：自己資金10億円を不動産に投資し，不動産から年間1億円の利益をあげている。

B社：自己資金4億円と借金6億円（金利年3％）を不動産に投資し，不動産から年間1億円の利益をあげている。

両社の自己資金の投資利回りを計算してみましょう。

① A社

② B社

・借金の利息を計算すると（　　　　）万円

・不動産から1億円の利益があるが，利息を支払うと，最終的な利益は（　　　）万円

・自己資金4億円を投資して（　　　　）万円の利益なので，投資利回りは（　　）％

このように，不動産に投資するとき，自己資金だけでなく借金をうまく利用すると，より高い投資利回りを得ることができるのです。ただし，次の条件が

第12章 株式投資・不動産投資の基礎知識 111

満たされている場合に，レバレッジ効果が得られます。

不動産の投資利回り（10％） ＞ 借金の金利（3％）

　簡単に言えば，3％で借りてきたお金を10％で運用できるなら，借金をして投資した方が儲かるということです。しかし，借金を増やすと，景気低迷といった理由で不動産から得られる利益が減った場合に，不動産投資の利益で借金の利息が支払えなくなることもあります。つまり，どの程度，借金するかというのは，その会社の経営判断によるのです。

── 関連トピック⑩　ポートフォリオの具体例 ──

　本章では，ポートフォリオの基本的考え方を学びました。本コラムでは，その簡単な応用例を紹介し，理解を深めたいと思います。

　不動産投資を考える上で重要なことは，リスクを低減させるための「分散投資」という方法です。分散投資とは，価格変動リスクを低減するために，投資資金を複数の投資対象にわけて運用することをいいます。ここで，リスクとは期待収益率に対する，さまざまな条件の下で発生する収益率の「ばらつき」の大きさをいいます。

　下の表では，AマンションとBマンションそれぞれの5年間の期待収益率を示しました。両マンションともに5年間を通して，期待収益率は平均して6.4％得られています。

　たとえば，AマンションとBマンションどちらかのマンションに投資資金を全額投入したとします。その場合には，Aマンションにのみ投資した場合には4年目以降マイナスの収益率となり，Bマンションにのみに投資した場合，1年目と2年目はマイナスの収益率となってしまいます。

期待収益率

	1 年	2 年	3 年	4 年	5 年	平 均
Aマンション	14.0%	12.0%	10.0%	−3.0%	−1.0%	6.4%
Bマンション	−5.0%	−1.0%	16.0%	18.0%	4.0%	6.4%

　そこで，どちらかのマンションにのみ投資資金を全額投入することはせず，異なるタイプ（相関関係の低い）の複数の資産にわけて投資することでリスクが低減されます。

　この場合，AマンションとBマンションに1/2ずつ投資したとします。Aマンショ

ンに資金の1／2，Bマンションに資金の1／2を投資するわけですから，1年目の収益率は（14％＋（－5％）／2＝4.5％となります。これを同じように計算すると，5年間とおしてマイナスの収益率にはならないことがわかります。このように複数の資産をもつことで収益率の格差が抑えられる方法が「分散投資」といわれるものです。なお，複数の資産を組み合わせて保有することを「資産のポートフォリオ」といいます。

　このように，AマンションとBマンションの収益率の変動が異なるような資産の組み合わせをすることで，リスクがコントロールされ分散効果は最も大きくなります。どの程度，異なる収益率の変動をするかは，資産同士の関連性を示す相関係数で示されます。相関係数は＋1から－1までの範囲で示され，＋1に近づけば資産間の関連性が強く，－1に近づけば逆の関連性が強く，0であれば関連性がないことを意味します。

・相関係数が1＝ 資産がすべて正の相関（儲かるときは儲かるが，損をするときは全部損をする）
・相関係数が－1＝ 資産がすべて負の相関（どちらかが儲かれば，どちらかは損をする）

期待収益率

	1 年	2 年	3 年	4 年	5 年	平 均
Aマンション	14.0%	12.0%	10.0%	－3.0%	－1.0%	6.4%
Bマンション	－5.0%	－1.0%	16.0%	18.0%	4.0%	6.4%
A＋Bの組み合わせ（1／2ずつ）	4.5%	5.5%	13.0%	7.5%	1.5%	6.4%

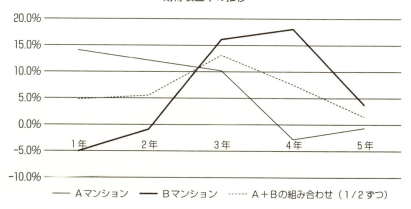

第12章　株式投資・不動産投資の基礎知識　113

　次に，投資におけるリスクやリターンを知るには「期待収益率」や「分散」，「標準偏差」から考えていく必要があります。「ポートフォリオ理論」では，予想収益率の平均値を期待収益率，予想収益率からの「ばらつき」をリスクと考え，リスクは「標準偏差」で表します。

　「期待収益率」とは，事前に予想できる収益率のうち，最も発生する可能性の高いものをいいます。たとえばAマンションの1年目の期待収益率は14％，マンションBでは−5％ですが，この期待収益率を求めるには，事前に予想できる収益率の発生確率を加味して求めます。具体的には，各ケースそれぞれの予想収益率から期待収益率を控除したものに生起確率を乗じ加算して求めます。

　　マンションAの1年目期待収益率 ＝ 0.2×11％＋0.5×14％＋0.3×16％＝14％
　　マンションBの1年目期待収益率 ＝ 0.2×−16％＋0.5×−5％＋0.3×3％＝−5％

マンションA		期待収益率	マンションB		期待収益率
		14％			−5％
	生起確率	予想収益率		生起確率	予想収益率
ケース1（不況）	0.2	11％	ケース1（不況）	0.2	−16％
ケース2（普通）	0.5	14％	ケース2（普通）	0.5	−5％
ケース3（好況）	0.3	16％	ケース3（好況）	0.3	3％

　最も発生する確率の高い「期待収益率」と，発生しうるすべての予想収益率の間にはそれぞれ差があり，その差には「ばらつき」があります。予想収益率と期待収益率の差にどのくらいの「ばらつき」があるのか統計的な手法で測定でき，「分散」や「標準偏差」によって表せます。

　「分散」は1つの資産の「状況の違い（不況，普通，好況）による収益率の変化」の関連を示すもので，平均からのばらつき具合を表す指標になっています。具体的には，予想収益率と期待収益率の差を2乗したものを加重平均して求めます。次に，求めた「分散」の数値を平方根することにより「標準偏差」を求めることができます。前述したように，リスクを「標準偏差」としてとらえるため，「分散」や「標準偏差」の数値が小さいほうが「ばらつき」が小さく，リスクも小さいと考えます。次ページの表をみてみると，マンションAの方が「標準偏差」は小さく，期待収益率と予想収益率の差，すなわち「ばらつき」が小さいことがわかります。

$$標準偏差 = \sqrt{\frac{\Sigma 生起確率 \times (予想収益率 - 期待収益率)^2}{データ数}}$$

マンションA	期待収益率	分 散	標準偏差	マンションB		期待収益率	分 散	標準偏差
	14%	0.00010	0.0100			−5%	0.001445	0.0380
	生起確率	予想収益率	生×(予−期)²		生起確率	予想収益率	生×(予−期)²	
ケース1(不況)	0.2	11%	0.000180	ケース1(不況)	0.2	−16%	0.002509	
ケース2(普通)	0.5	14%	0.000000	ケース2(普通)	0.5	−5%	0.000002	
ケース3(好況)	0.3	16%	0.000120	ケース3(好況)	0.3	3%	0.001825	

(注)上表における「生」は「生起確率」、「予」は「予想収益率」、「期」は「期待収益率」を表す。

　それぞれのマンションの「標準偏差」をみると、マンションAに投資資金を全額投入したほうが「ばらつき」が小さいためリスクは小さいですが、分散投資をした場合の「ばらつき」の程度を確認すると、マンションA＋Bのポートフォリオのほうが小さいことが確認できます。

　下の表からわかるように、マンションAとマンションB、A＋Bのポートフォリオの「標準偏差」を確認してみると、マンションAの標準偏差は0.0700、マンションBの標準偏差は0.0913、A＋Bを1／2ずつ組み合わせた標準偏差は0.0383となり、A＋Bのポートフォリオの標準偏差が1番小さいことがわかります。

期待収益率

	1 年	2 年	3 年	4 年	5 年	平 均	分 散	標準偏差
Aマンション	14.0%	12.0%	10.0%	−3.0%	−1.0%	6.4%	0.005	0.0700
Bマンション	−5.0%	−1.0%	16.0%	18.0%	4.0%	6.4%	0.008	0.0913
A＋Bの組み合わせ（1／2ずつ）	4.5%	5.5%	13.0%	7.5%	1.5%	6.4%	0.001	0.0383

　このように平均した期待収益率が同じ資産でも、各年度の収益率には「ばらつき」が生じるため、1つの資産に全額投資するより、異なる値動きをする複数資産に対して投資するほうが安定した収益率を維持することができます。また、資産のポートフォリオは、相関係数や組み入れ比率（今回はマンションA：マンションB＝50：50）を変化させることでリスクを低減させることや、同じリスクでも高い期待収益率を維持することができます。

　以上から、資産のポートフォリオを考える上で重要なことは、「期待収益率」、「標準偏差」、「相関係数」であり、それらを踏まえたリスクコントロールをすることで「分散投資」の効果が最大限に発揮されます。

第12章　株式投資・不動産投資の基礎知識　115

┌─ 関連トピック⑪　不動産投資におけるリスク ──────────

本章「2　ポートフォリオ理論」では，投資にまつわるリスクの基本的考え方について学びました。それでは，不動産投資を考えた場合，どのようなリスクがあるのか，みてみることにします。

リスクには異なるいくつかの種類があります。それらのリスクは，不動産の投資家に影響を及ぼすことがあります。特定の不動産投資に影響を及ぼすことがあるリスクの原因を知ることは，リスク分析の第一歩です。リスクの主な種類を掲げると以下のようになります。

不動産市場リスク

不動産市場リスクとは，不動産市場の変化が賃料相場，空室率，純収益（NOI）に影響を及ぼすというリスクです。これは，賃借人による不動産需要の変化，または新築による不動産供給の変化のいずれかに起因することがあります。不動産市場のリスクは，不動産の用途（事務所，店舗，住宅など）や不動産の立地条件によって異なることがあります。不動産市場のリスクは，想定される潜在的な需要と実際の需要にはギャップがあるという不動産市場の不確実性に根ざしています。

金融リスク

金融リスクは，投資資金の借り入れの程度に起因します。不動産を購入したり出資したりしたとき，投資家は，レバレッジによる収益率の増加を期待するのが一般的です。しかしながら，予測外の市況変化のため，レバレッジにより，収益率が減少することがあります。資金の借り入れにより，借り入れによる融資の債務不履行のリスクが高まります。金融リスクの度合いは，借入総額に応じて高まります。

流動性リスク

流動性リスクは，投資額を適切な期間で，市場価値に近い価格で換金することができるかどうかということに関連するリスクです。不動産は，流動性リスクの度合いが比較的高いです。特定の種類の不動産を一定期間内に購入する可能性がある買い手が少ないからです。また，不動産は株式や債券とは異なり，公開された市場で取引されないからでもあります。

インフレーション・リスク

インフレーション・リスクとは，予測外のインフレーションによって，将来の賃貸収入と復帰価値が相対的に減じられるというリスクです。これは，投資時に予測していたインフレーション額と実際のインフレーション額が異なる結果になる蓋然性に起因します。

例としては，インフレーションによって，建築費が増加する傾向があることなどがあげられます。不動産投資は固定収入を得るという性格ではないため，インフレーションが予測より大きくなった場合，賃料の相場が上昇することがよくあります。さらに，賃貸借契約における消費者物価指数修正条項や，事務所ビル固有の通り抜け経費の取り決めに係る条項によって，インフレーションによる賃貸料収入の増加が可能になります。しかしながら，弱含みの不動産賃貸市場では，ビル所有者は，インフレーションへ対抗するだけの賃料の値上げは困難であり，不動産の価値も再調達原価に応じて増加しないことがあります。空室率が高く，新規のビル建築が困難な場合に特に顕著です。

環境リスク

環境リスクは，不動産の価値が環境要因により影響を受けるというリスクです。環境要因は，不動産を開発・賃貸することを予定する不動産所有者に影響を及ぼします。例としては，アスベストを含有する不動産，有毒廃棄物にさらされている不動産などがあげられます。環境リスクは，測定が困難なことがよくあります。これらの汚染除去に要する費用が，不動産の価値を上回ることがあります。

マネジメント・リスク

不動産投資で収益を得るには，不動産の管理が必要です。その管理の良し悪しが，不動産収入に影響を及ぼすことがあるため，換言すればマネジメント・リスクが存在するといえます。一般の不動産よりも，さらに専門化した管理を必要とするものとして，コンベンション・ホテルや広域型ショッピング・モールなどがあります。これらの不動産には，より大きなマネジメント・リスクがあります。

（出所）『収益不動産評価の理論と実務』東洋経済新報社，2006年，pp.212-214.

第13章　企業の不動産戦略

> **本章の学習事項**
> 　1．CRE戦略はなぜ重要になってきたのか。
> 　2．オフバランスとは何か。

1　CRE戦略

　最近，会社不動産の取得・処分・利用を戦略的に実施して，<u>企業価値を高めるための会社の不動産戦略（CRE戦略：Corporate Real Estate）が注目されています</u>。この章では，経営・会計の観点から企業の不動産戦略を見てみましょう。

　CRE戦略が重視されるようになった理由としては，以下のことがあります。

（1）**土地神話**（不動産神話）の崩壊

　土地神話とは，土地の価格は必ず値上がりするという神話のような話でした。しかし，1990年代前半にこの神話は，崩壊することになりました。

（2）不動産関連の会計基準の厳格化

　会社の財務諸表（貸借対照表や損益計算書）を作成するためのルールを**会計基準**といいます。近年，<u>不動産に関する会計基準が厳格化したことにより，不動産の価値が適切に表示されるようになりました</u>。<u>会計基準が経営に大きな影響を与えること</u>を見てみましょう。

2 不動産に関連する会計基準

（1）販売用の不動産

　販売目的で不動産を1,200万円で購入したとしましょう。しかし，この不動産は売れ残ってしまいました。決算日のこの不動産の時価が900万円だとします。この場合，どうするのでしょうか。

　販売用の商品が売れ残って，その時価が原価より低くなった場合，この時価の下落分を**棚卸資産評価損**（費用）とします。上の例でいえば，貸借対照表の不動産（商品）の価値を900万円とし，損益計算書に費用を300万円記載するのです。つまり，販売用不動産の時価が原価より下がると，その分の費用を計上するので，その分，利益が減少します。

【東急不動産株式会社の例】

2011/ 4 / 1 ～2012/ 3 /31 … 棚卸資産評価損が34億4,800万円
　　　　　　　　　　　　　　営業利益500億8,600万円

2012/ 4 / 1 ～2013/ 3 /31 … 棚卸資産評価損が47億5,100万円
　　　　　　　　　　　　　　営業利益519億7,500万円

　2012/ 4 / 1 ～2013/ 3 /31では，棚卸資産評価損がなかったとすれば，営業利益は567億2,600万円と約10％増えることになります。

会計基準：売れ残った販売用不動産の時価が原価より値下がりすると，費用が
　　　　　増加（利益が減少）する。

　　　　　　　　　　　↓では，経営上どうすればいいか

経　　営：

（2）自社利用の不動産

　たとえば，会社が建物を 1 億円で購入したとします。会社が，このような投資を行うのは，投資額の 1 億円以上稼ぐことができて，利益が出ると考えてい

第13章　企業の不動産戦略　119

るからです。ここで，ある時に景気の悪化といった理由によって，「どうやっても今後，投資額の1億円を回収することができない」という事態になったらどうすればよいでしょうか。

　この場合，建物の価値を**回収可能価額**（2,000万円だとします）で計算して，差額の8,000万円を**減損損失**（費用）とします。費用を計上するので，その分，利益が減少します。このような収益性が大きく低下した不動産の価値を引き下げる処理を**減損処理**といいます。

【例題1】　当社の建物のデータは下に示すとおりである。減損損失額を求めてみよう。
　　帳簿価額　　　66,000円（投資額）
　　使用価値　　　46,000円（今後，資産を使用することにより回収できる金額）
　　正味売却価額　43,000円（現時点で資産を売却することにより回収できる金額）
（1）回収可能価額の計算
　回収可能価額とは，**使用価値**と**正味売却価額**のいずれか**大きいほう**である。経営者であれば，いずれか大きいほうを選ぶはずである。つまり，回収可能価額とは，回収が可能な金額ということである。この例では，回収可能価額は（　　　　　　　　）円となる。
（2）減損損失の計算
　減損損失 ＝ 帳簿価額 － 回収可能価額なので，（　　　　　　）円 －（　　　　　　）円 ＝（　　　　　　）円の減損損失となる。

【東急不動産株式会社の例】
2011/ 4 / 1 ～2012/ 3 /31 … 減損損失が129億8,700万円　　純利益342億円
2012/ 4 / 1 ～2013/ 3 /31 … 減損損失が31億1,700万円　　純利益221億4,600万円
　2011/ 4 / 1 ～2012/ 3 /31では，減損損失がなかったとすれば，純利益は471億8,700万円と約30％増えることになる。

　以上見てきたように，不動産の会計基準によって，巨額の損失が計上されていることがわかる。

↓

不動産の有効活用（CRE戦略）の必要性

3 不動産の処分（オフバランス）

　オフバランスとは，不要な資産を売却して，会社の貸借対照表（バランスシート）から取り除くことです。収益性の低い不要な資産を売却して，オフバランスすることにより，利益率を向上させることができます。「**総資産利益率（ROA）**」＝「利益が総資産の何％生じたかを表す」収益性指標で考えてみましょう。

ROA（総資産利益率）％：営業利益 ÷ 資産合計 × 100 ⇒ 高い方が望ましい

不動産処分前の貸借対照表

資　産	金　額	負債と純資産	金　額
現　金	2,000	借　入　金	1,800
土　地	1,000	資　本　金	1,200
資産合計	3,000	負債・純資産合計	3,000

営業利益が150だとすると

ROA＝（　　　　　　）％

不要な土地400を売却し，得た現金400で借金（借入金）を返済した

不動産処分後の貸借対照表

資　産	金　額	負債と純資産	金　額
現　金		借　入　金	
土　地		資　本　金	
資産合計		負債・純資産合計	

営業利益が150だとすると

ROA＝（　　　　　　）％

　不要な資産を売却（オフバランス）し，その資金で借金を返済すると，利益率が（上昇・下降）することがわかります。また，売却資金を「収益性の高い事業に投資して，さらに収益性を上げる」こともできます。

第13章 企業の不動産戦略 121

── 関連トピック⑫ 日本における不動産会計の適用状況 ──

本章では，CRE戦略と不動産に関連する会計基準とは，密接な関係があることを学びました。本コラムでは，減損会計と投資不動産の時価開示についての適用状況についてみてみたいと思います。

（1）減損会計の適用状況

東証1部企業のなかから，2003年から2010年にかけて連続上場している金融業を除いた1,228社を調査対象としました。

表－1はサンプル企業の早期適用の状況を示しています。早期適用を行った企業は，1,228社中144社であり，1割強となっています。業種別でみた場合に「エネルギー」の早期適用率が比較的高いことがわかります。早期適用企業については，早期適用時期（2004年－2005年）の減損損失累計額を総資産額（2003年）で除した数値が示されています。サンプル全体の平均値は1.93％であり，業種別でみた場合に，「不動産業」が7.88％となっており高い数値を示しています。これに対して，表－2は強制適用時期（2006年－2010年）の結果が示されています。当該強制適用時期においては，「商業」と「情報通信サービス」の減損損失累計額の総資産に対する割合が比較的高くなっています。

図－1は，サンプル企業の2004年から2010年までの各年の減損損失額総額を業種別に示したものです。これをみると，「商業」と「建設業」は早期適用時期での計上額が大きく，強制適用時期に入り，計上額は低減する傾向にあります。これに対して「製造業」は，早期適用時期の計上額は少なく，強制適用時期に移行してからの計上額が大きくなっています。

表－1　サンプル企業（東証1部上場）の業種別減損会計早期適用の状況

業　種	全　体 サンプル	会計基準適用 企業サンプル	減損損失累計額（2004－2005）／総資産（2003）				
			平均値	中央値	最大値	最小値	標準偏差
農林水産鉱業	6	－	－	－	－	－	－
建設業	81	12 (14.8%)	0.0250	0.0138	0.1001	0.0003	0.0292
製造業	714	75 (10.5%)	0.0140	0.0081	0.1489	0.0001	0.0219
商　業	195	30 (15.4%)	0.0246	0.0116	0.1429	0.0017	0.0341
不動産業	29	4 (13.8%)	0.0788	0.0318	0.2398	0.0117	0.1090
運輸倉庫	61	9 (14.8%)	0.0217	0.0156	0.0859	0.0029	0.0260
エネルギー	17	4 (23.5%)	0.0021	0.0021	0.0031	0.0011	0.0008
情報通信サービス	125	10 (8.0%)	0.0169	0.0092	0.0688	0.0022	0.0235
全　体	1,228	144 (11.7%)	0.0193	0.0096	0.2398	0.0001	0.0315

表-2 サンプル企業(東証1部上場)の業種別減損会計強制適用の状況

業　種	全体サンプル	会計基準適用企業サンプル	減損損失累計額(2006-2010)/総資産(2003)				
			平均値	中央値	最大値	最小値	標準偏差
農林水産鉱業	6	6 (100.%)	0.0285	0.0125	0.0877	0.0052	0.0326
建設業	81	76 (93.8%)	0.0216	0.0080	0.1803	0.0004	0.0366
製造業	714	622 (87.1%)	0.0226	0.0115	0.7899	0.0001	0.0419
商　業	195	183 (93.8%)	0.0433	0.0233	0.4247	0.0001	0.0601
不動産業	29	26 (89.7%)	0.0351	0.0207	0.2046	0.0006	0.0533
運輸倉庫	61	56 (91.8%)	0.0190	0.0123	0.0728	0.0007	0.0178
エネルギー	17	13 (76.5%)	0.0056	0.0038	0.0171	0.0010	0.0049
情報通信サービス	125	106 (84.8%)	0.0490	0.0146	0.8408	0.0003	0.1007
全　体	1,228	1,088 (88.6%)	0.0285	0.0126	0.8408	0.0001	0.0536

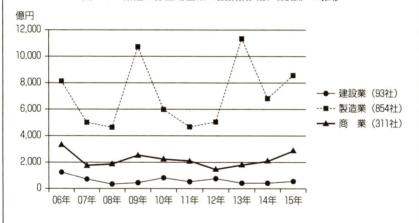

図-1　東証1部上場企業の減損損失額(総額)の推移

(2) 投資不動産の時価開示

　企業会計基準委員会は，2008年に企業会計基準第20号「賃貸等不動産の時価等の開示に関する会計基準（以下「賃貸等不動産会計基準」という）」を公表しました。その後，適用初年の2010年3月期の財務情報が公表され現在に至っています。賃貸等不動産会計基準は，IFRSに規定のあるIAS第40号「投資不動産」の会計基準を意識して作成されました。日本基準の「賃貸等不動産」とは，「棚卸資産に分類されている不動産以外のものであって，賃貸収益又はキャピタル・ゲインの獲得を目的として保有されている不動産」であり，通常，一般的に認識されている「投資不動産」の概念に近いです。ただ，IFRSとは異なり，賃貸等不動産の時価は，財務諸表において注記情報とし

て開示されますが，それが財務諸表本体に直接影響を与えることはないです。

　東証１部上場企業に焦点を定め，次の一定の要件に基づきサンプル企業を抽出し，概要を把握しました。対象となる企業は，a）1984年期から2011年期まで連続上場していること，b）３月期決算の企業であること，c）企業の業種は，金融機関以外のものであること，d）日本会計基準を適用している企業です。表－３は，サンプル企業（2010年期）の業種別の概況が示されています。これによると，抽出された全体サンプル613社のうち35.2％に相当する216社が注記情報の開示を行っています。「賃貸等不動産（原価）／総資産」は，賃貸等不動産の量的保有規模を示す指標です。全体（216社）の平均値が10.6％であるのに対して，「不動産業」は57.5％となっており，業種の性格もありますが突出した傾向を示しています。「賃貸等不動産含み益／総資産」は，賃貸等不動産の含み益の規模を示す指標です。全体（216社）の平均値が6.9％であるのに対して，これにおいても「不動産業」は26.7％となっており顕著な傾向を示しています。

表－３　東証１部上場企業の賃貸等不動産会計基準の適用状況（2010年期）

業　種	全　体サンプル	会計基準適用企業サンプル	賃貸等不動産（原価）／総資産					賃貸等不動産含み益／総資産				
			平均値	中央値	最大値	最小値	標準偏差	平均値	中央値	最大値	最小値	標準偏差
農林・水産・鉱業	4	2（50.0%）	0.1806	0.1806	0.3177	0.0435	0.1939	0.0781	0.0781	0.1434	0.0128	0.0924
建設業	36	23（63.8%）	0.0783	0.0648	0.1843	0.0178	0.0451	0.0184	0.0059	0.0875	-0.0186	0.0272
製造業	465	129（27.7%）	0.0761	0.0431	0.7016	0.0001	0.0984	0.0570	0.0268	0.6021	-0.0772	0.0933
商　業	43	18（41.9%）	0.0876	0.0684	0.2483	0.0095	0.0653	0.0293	0.0110	0.1706	-0.0232	0.0463
不動産業	7	6（85.7%）	0.5751	0.6376	0.8493	0.1808	0.2244	0.2672	0.1934	0.5850	0.0497	0.2100
運輸・倉庫業	38	27（71.1%）	0.1612	0.0969	0.5313	0.0214	0.1309	0.1418	0.0620	0.6924	-0.0001	0.1857
エネルギー	12	4（33.3%）	0.0581	0.0613	0.0925	0.0172	0.0316	0.0677	0.0421	0.1609	0.0258	0.0626
サービス	8	7（87.5%）	0.1700	0.1744	0.2356	0.0835	0.0555	0.1155	0.0844	0.2837	-0.0282	0.1215
全　体	613	216（35.2%）	0.1055	0.0628	0.8493	0.0001	0.1312	0.0693	0.0297	0.6924	-0.0772	0.1160

（表注）「賃貸等不動産（原価）／総資産」および「賃貸等不動産含み益／総資産」の数値計算は，時価情報を注記開示したサンプルを対象とする。

索　引

A-Z

CRE 戦略	117
CVP分析	75
DCF法	96
NPV	95
PBR	108
PER	108
ROA	120
ROE	61, 72
TOPIX	107

ア

1年基準	17
インカム・ゲイン	2
インフレーション・リスク	116
受取手形	20, 21
受取家賃	11
受取利息	11
売上原価	11, 24, 40
売上債権回転期間	63
売上高	11
売掛金	9, 20, 22
営業外収益	40
営業外費用	40
営業活動によるキャッシュ・フロー	49
親会社	5

カ

買掛金	35
会計	3
───期間	4
───基準	117
会社法	13
回収可能価額	30, 119
回収期間法	91
加工費	101
貸倒れ	22
貸倒引当金	22
───繰入	22
貸倒見積額	22
貸付金	9, 20
株価指数	107
株式会社	1
貨幣的測定の公準	4
貨幣の時間価値	92, 93
環境リスク	116
監査報告書	14
管理会計	3
管理的意思決定	89
関連原価	84
企業会計制度	13
議決権	105
期首	4
───商品棚卸高	24

期待収益率	113	工事完成基準	43
期中	4	工事進行基準	43
期末（決算日）	4	公認会計士	14
──商品棚卸高	24	子会社	5
キャッシュ・アウトフロー	91	固定資産	17
キャッシュ・インフロー	91	固定費	75
キャッシュ・フロー経営	53	固定負債	34
キャッシュ・フロー計算書	47, 49	個別原価計算	100
キャピタル・ゲイン	2	個別財務諸表	5
キャピタル・ロス	2		

サ

給料手当	11	最終利益	39
業務的意思決定	83, 89	財務会計	3
金銭債権	20	財務活動によるキャッシュ・フロー	
金融商品取引法	13		50
金融リスク	115	財務諸表	3
黒字倒産	49	──監査	14
クロス・セクション分析	56	──分析	55
経営安全額	79	材料費	99, 101
経営安全率	79	指値	106
経営成績	11, 39	残余財産分配請求権	34
継続企業の公準	4	仕入債務回転期間	63
経費	99	時価	19
減価償却	27	──評価	19
──累計額	28	資金繰り	50
研究開発費	11	時系列分析	56
現金主義会計	41	自己資本比率	69
現金預金	9	資産	8
現在価値	93	実現主値	43
減損処理	30, 119	実数分析	56
減損損失	30, 119	始点	101
貢献利益	76	支払手形	21, 35
──率	76	支払家賃	11
広告宣伝費	11		

支払利息 ……………………11
四半期財務諸表……………7
社債 ………………35, 36
収益 ………………11, 39
終点………………101
重要性の原則 …………15
取得原価 ………………19
　———評価 …………19
純資産 ……………8, 9, 38
使用価値 ………………31
正味現在価値 …………95
　———法 …………92
正味売却価額 …………31
将来価値 ………………93
所有と経営の分離 ………2, 3
進捗度………………101
正常営業循環基準 …………17
製造間接費 …………99, 100
製造原価 …………99
製造直接費 …………99, 100
前期………………4
戦略的意思決定 …………88
相関係数………………110
総合原価計算…………101
総資産利益率…………120
損益計算書…………8, 39
損益分岐点………………75
　———売上高 …………75
　———比率 …………81
　———分析 …………75

タ

貸借対照表 ………………8

棚卸資産 ………………23
　———回転期間 …………61
　———評価損 …………24, 118
短期借入金………………35
単元株………………106
単利………………93
長期借入金………………35
帳簿価額………………29
賃貸等不動産の時価等の開示に
　関する会計基準…………122
定額法………………28
ディスクロージャー …………14
定性分析………………56
定率法………………28
定量分析………………56
手形の不渡り…………21
当期………………4
　———商品仕入高 …………24
当座資産………………68
当座比率………………68
投資 ………………91
　———活動によるキャッシュ・
　フロー………………50
　———その他の資産 …………18
東証株価指数………………107
特別損失………………40
特別利益………………40
土地神話………………117

ナ

成行………………106
日経平均株価………………107
年度財務諸表………………7

ハ

配当	2, 105
ハイリスク・ハイリターン	71
発生主義	43
───会計	41
販売費および一般管理費	40
備品	9
費用	11, 39
標準偏差	113
比率分析	56
複利	93
負債	8
不動産市場リスク	115
分散	113
───投資	111
粉飾決算	14
変動費	75
───率	76
ポートフォリオ理論	109
ホールディングス	6

マ

マネジメント・リスク	116

（second column）

未収入金	20, 22
未払金	35
無関連原価	84
無形固定資産	18
持株会社	6

ヤ

約束手形	20
有価証券	9
有形固定資産	18, 27
有限責任制度	1, 2

ラ

利益（損失）	11
流動資産	17
流動性リスク	115
流動比率	67
流動負債	34
レバレッジ	110
連結財務諸表	5
労務費	99

ワ

割引率	93

【プロフィール】

山本　卓（やまもと　たかし）編著を担当。
明海大学不動産学部教授・不動産研究センター長
1984年中央大学法学部法律学科卒業，2003年青山学院大学大学院国際マネジメント研究科修士課程修了，2006年埼玉大学大学院経済科学研究科博士後期課程修了，博士（経済学）取得。一般財団法人日本不動産研究所に，不動産鑑定士として30年間勤務した後，2014年に明海大学に移籍し，現在に至る。近著に『投資不動産会計と公正価値評価』[2015年，創成社]（2016年資産評価政策学会著作賞受賞）等がある。

古川　傑（ふるかわ　すぐる）
明海大学大学院不動産学研究科博士前期課程2年
2017年明海大学不動産学部不動産学科卒業（最優秀卒業生に与えられる宮田賞と千葉県知事賞を受賞）。山本卓との共著論文等に，「減損会計適用にかかる経営者行動と投資家評価の分析」『不動産鑑定』（2016年），「減損会計適用における企業不動産の情報開示のあり方について」『資産評価政策学』（2017年），「遊休不動産の有用性の検証―東証1部上場企業製造業の減損データに基づいた分析を中心に―」『証券アナリストジャーナル』（2018年），「減損会計適用における遊休不動産情報の有用性―東証一部製造業と商業の比較分析を中心に―」『年報財務管理研究』（2018年），『グローバル社会と不動産価値』[2017年，創成社]がある。

（検印省略）

2018年9月20日　初版発行　　　　　　　　　略称－会計・経営分析

会計・経営分析入門テキスト

編著者　山本　　卓
発行者　塚田　尚寛

発行所　東京都文京区　　株式会社　創　成　社
　　　　春日2-13-1
　　　　電　話 03（3868）3867　　FAX 03（5802）6802
　　　　出版部 03（3868）3857　　FAX 03（5802）6801
　　　　http://www.books-sosei.com　振　替 00150-9-191261

定価はカバーに表示してあります。

©2018 Takashi Yamamoto　　　組版：でーた工房　印刷：エーヴィスシステムズ
ISBN978-4-7944-1529-5 C3034　　製本：宮製本所
Printed in Japan　　　　落丁・乱丁本はお取替えいたします。

―――――――――――― 簿記・会計選書 ――――――――――――

会計・経営分析入門テキスト	山 本 　 卓	編著	1,600円
グローバル社会と不動産価値	山 本 　 卓	編著	2,100円
はじめて学ぶ国際会計論	行 待 三 輪	著	1,900円
国際会計の展開と展望 ― 多 国 籍 企 業 会 計 と IFRS ―	菊 谷 正 人	著	2,600円
IFRS 教 育 の 実 践 研 究	柴 　 健 次	編著	2,900円
IFRS 教 育 の 基 礎 研 究	柴 　 健 次	編著	3,500円
監 査 の 原 理 と 原 則	デヴィッド・フリント 井 上 善 弘	著 訳	2,400円
現 代 管 理 会 計 論 再 考 ―会計と管理，会計と非会計を考える―	足 立 　 浩	著	3,200円
会計不正と監査人の監査責任 ― ケ ー ス ・ ス タ デ ィ 検 証 ―	守 屋 俊 晴	著	3,800円
キャッシュフローで考えよう！ 意 思 決 定 の 管 理 会 計	香 取 　 徹	著	2,200円
会 　 計 　 原 　 理 ― 会 計 情 報 の 作 成 と 読 み 方 ―	斎 藤 孝 一	著	2,000円
現 代 会 計 の 論 理 と 展 望 ― 会 計 論 理 の 探 究 方 法 ―	上 野 清 貴	著	3,200円
簿 　 記 　 の 　 ス 　 ス 　 メ ― 人 生 を 豊 か に す る 知 識 ―	上 野 清 貴	監修	1,600円
非 営 利 ・ 政 府 会 計 テ キ ス ト	宮 本 幸 平	著	2,000円
社 　 会 　 化 　 の 　 会 　 計 ― す べ て の 働 く 人 の た め に ―	熊 谷 重 勝 内 野 一 樹	編著	1,900円
活動を基準とした管理会計技法の展開と経営戦略論	広 原 雄 二	著	2,500円
ライフサイクル・コスティング ― イ ギ リ ス に お け る 展 開 ―	中 島 洋 行	著	2,400円

（本体価格）

―――――――――――――― 創 成 社 ――――――――――――――